企業経営に連携する知的財産部門の構築
「企業内機能部門との連携に向けて」

著者名

東京工業大学	田中　義敏
東京工業大学	米川　聡
株式会社大和証券グループ本社	小林　隆
株式会社　拓人	植草　健一
的場特許事務所	的場　成夫
元　シャープ株式会社	大谷木　國興
葛和国際特許事務所	葛和　清司

監修

東京工業大学イノベーションマネジメント研究科技術経営専攻准教授
吉備国際大学政策学部知的財産マネジメント学科客員教授
田中義敏

社団法人　発明協会

はしがき

　現在、知的財産立国実現による国際競争力強化に向け、知的財産を戦略的に創造、保護、活用していくことが国家目標に掲げられ、知的財産戦略本部のもとに具体的推進計画が実行されている。我が国における知的財産の創造、保護は、米欧と並び世界のトップレベルとなっているものの、知的財産の活用面では更なる飛躍が求められている。特に、知的財産戦略を企業経営に密着させ企業の成長・強化に役立てていく仕組みが必要と言われている。

　また、従来、知的財産部門の役割というのは専門家集団としての個別具体的な仕事の受注、これに対する専門家としての成果を出していくといった点に限られていた。換言すれば、経営機能と知的財産部門の活動とが十分且つ密接に関連づけられていない面があったとも言えるのではないだろうか。

　このような状況のもと、執筆者らは、知的財産活動が経営目標の実現に効果的に貢献していくための戦略を追求していくため、知的財産部門と他部門との連携に焦点をあて、連携の実態を産業界からのアンケート調査および企業インタビューにより把握し、当該連携の実態から、知的財産戦略および知的財産部門の役割を評価・分析した。

　この結果、執筆者らは、知的財産戦略を企業経営に貢献できるものとするためには、取得した知的財産権の権利活用の促進のみに留まらず、企業内で創造される知的財産に関係するあらゆる知的財産活動を如何に企業経営に有機的に繋げていくかが大きな課題であり、企業が抱えるビジョン・目標の実現に向かって、知的財産部門が、研究開発、営業、マーケティング、製造などの各機能部門に対して積極的な関わりを持っていかなければならず、このような関わり

を追求し、インテグレートされた一連の仕組みを構築していくことが重要であるとの知見を得た。企業内の各部門が経営目標の実現に一丸となって協力し、各部門の所掌する業務を進めていくことの必要性は、知的財産部門に限ったことではなく、どの部門についても言えることであろう。企業のトップは、社内のコミュニケーションを活発化すること、あるいは、機能組織間の壁を取り除くことを重視している。しかしながら、この当たり前のことが、知的財産という専門的要素が高い部門では必ずしも適正に行なわれていない場合が多い。さらに、企業内の部門間連携を推進していくことのできる人間像についても触れる必要がある。また、知的財産立国に向けた一連の政策の結果として、知的財産に関する活動の幅は急激に拡大しており、知的財産部門の業務のあり方も見直されなければならないと考えられる。

したがって、本書では、出願戦略、先行技術調査、審判請求など、出願から権利化までの伝統的知的財産活動に加えて、模倣品対策、企業買収・合併に必要な知的財産活動、海外進出に伴う知的財産活動、パテントポートフォリオ作成、技術の標準化に資する知的財産活動、新規事業立ち上げに必要な知的財産活動、知的財産紛争等のリスクマネジメント対策、技術流出防止対策、秘密情報管理などの幅広い知的財産関連業務を行うにあたって、知的財産部門と他部門との連携を図り、これにより知的財産活動を企業経営に連動させ、真に知的財産を企業の成長と強化に役立てることのできる体制整備をしていくことの重要性を説いている。

第Ⅰ章「企業の成長と強化のカギとしての知的財産と他部門との連携」においては、知的財産部門が企業内の他部門と連携を密にするところに企業の成長強化への役割が見出せるという視点に立ち、知的財産部門が企業の他部門と融合しながら統合化された知的財産マネジメント体制を構築し、企業の経営目標の達成および企業の成長・強化に貢献する知的財産部門の役割を追求していく必要性を訴える。

第Ⅱ章「企業経営における知的戦略部門と他部門との関係」においては、知的財産業務ごとに企業内他部門とどのような連携を行っているかを浮き彫りにし、この結果から、連携のあり方のベストプラクティスを提示し、知的財産部門の目標管理を企業内他部門の目標管理と融合させる際の視点を提供していく。加えて、この調査結果および調査分析に用いた手法を活用することにより、自らの知的財産部門の活動評価を行い、知的財産部門の活動を企業内で統合化し、知的財産活動を企業経営に融合させる考え方を提供する。

　第Ⅲ章「企業における知的財産部門と他部門との連携事例」においては、企業内の連携形態は、その企業の業種、規模、組織、知的財産部門の規模、事業戦略、企業風土、知的財産部門の担当者だけでなく研究開発部門といった他部門の担当者の知的財産リテラシーにより異なるものとなるという視点に立ち、これから知的財産部門と他部門との連携を強化するにあたっての参考となる事例を紹介する。

　第Ⅳ章「企業における知的財産部門の担うべき役割と、組織の在り方」においては、知的財産部門が業務を遂行するうえでの特徴（他の一般的な部門との違い）を整理するところに立ち返り、その上で、知的財産経営の成功に繋げるために必要な条件、特に組織上の課題に着目し、検討を行ない、以下の提言を試みる。

　知的財産業務は、他部門との連携作業・共同作業の積み重ねである。このため、知的財産部門は、①他部門の理解を得ずして業務を円滑に遂行できない、という他部門には無い"弱み"を持ち、一方では、②自社・他社の技術力・知的財産力等に関する優れた情報収集力を保有する、という他部門には無い"強み"をも持つことになる。知的財産経営成功には、"弱み"を克服し"強み"を発揮していくことが基本であり、それらを実現できるための「知的財産組織の位置付け」を確保することが必要条件の一つとなる。

　第Ⅴ章「教育産業、フランチャイズビジネスから見た経営と知的財産のリンクとその実態」においては、メーカーと非メーカーとでは知的財産のポジショ

ニングが異なるという点に着目し、特に、非メーカーにおいて、企業の実践の場から知的財産部門の重要性について見解をまとめるとともに、弁理士という専門的立場からも、企業トップのスタンスの重要性を説明する。

　第Ⅵ章「企業における商品開発活動における事業部知的財産の役割」においては、知的財産部門の乖離を避け、ベネフィットセンターである商品企画／研究開発を含む事業部活動の中に、知的財産機能が有機的に組み込まれることが、重要要素であるとの考え方に基づき、特に携帯電話事業に関わる上記課題に関し、参考事例を含めて現実に生ずる問題とそれに対する方策を紹介すると共に、今後予想される問題点／課題と国際的協業における事業部知的財産の役割についての提言を試みる。

　第Ⅶ章「中小企業と特許事務所の連携およびベンチャー経営者と特許事務所の連携」においては、言及の対象企業として、中小企業、ベンチャー企業を中心とする。そして、その組織およびその組織における知的財産部門機能と特許事務所との関係について考察する。

　第Ⅷ章「企業の知的財産部と弁理士との連携」においては、企業の知的財産部への弁理士への仕事の発注の大半は出願依頼業務、すなわち、権利化のための業務が中心となってきた一方で、企業の知的財産部はより戦略的な部門に変貌しつつあるという現実を踏まえ、これからの戦略的な知的財産部にとって上記のような従来型の連携が適切なのか否か、またこれからの連携はどうあるべきなのか、などについて考察する。

　本書は、企業の競争力強化及び企業目標への知的財産部門の更なる活躍を望んでいる方々が、更なる発展のきっかけをつかんでいただくのに好適なものと確信している。是非、じっくりと『企業経営に連携する知的財産部門の構築〜企業内機能部門との連携に向けて〜』を味わっていただきたい。

　『企業経営に連携する知的財産部門の構築〜企業内機能部門との連携に向けて〜』を読破され、知的財産活動が企業経営に近い存在になり企業の成長と強

化に貢献しわが国産業の国際競争力強化に大きく貢献すること、さらに、読者の皆様方を始め、関係諸兄の益々のご発展を、心より祈念する。

　最後になりましたが、本書の出版に当たり多大のご協力をいただいた発明協会の皆様方に深く感謝申し上げます。

2007年3月

監修者　執筆者代表

東京工業大学イノベーションマネジメント研究科　技術経営専攻

准教授　田　中　義　敏

目　次

はしがき

プロローグ ………………………………………………………………… 1

第Ⅰ章　企業の成長と強化のカギとしての知的財産と他部門との連携 …………………………………………………… 11

第Ⅱ章　企業経営における知的戦略部門と他部門との関係 … 21
Ⅱ-1　知的財産部門と他部門との連携の現状について ……………… 29
Ⅱ-2　知的財産部門と他部門の連携主題について ………………… 40
Ⅱ-3　知的財産部門の将来の役割 ……………………………… 66

第Ⅲ章　企業における知的財産部門と他部門との連携事例 … 69
Ⅲ-1　国内事例1（α社） ……………………………………… 71
Ⅲ-2　国内事例2（β社） ……………………………………… 74
Ⅲ-3　国内事例3（γ社） ……………………………………… 76
Ⅲ-4　国内事例4（δ社） ……………………………………… 78
Ⅲ-5　国内事例5（ε社） ……………………………………… 79
Ⅲ-6　海外事例（ζ社およびη社） …………………………… 83

第Ⅳ章　知的財産経営成功のための知的財産組織の在り方 … 87

Ⅳ－1　知的財産部門の業務拡大の二つの流れ ………………… 89
Ⅳ－2　知的財産部門の業務の特徴 ………………………………… 91
Ⅳ－3　経営トップと共通認識を持ち活動できる組織が重要 …… 97
Ⅳ－4　知的財産のマネジメント体制 ……………………………… 101

第Ⅴ章　教育産業、フランチャイズビジネスから見た経営と知的財産のリンクとその実態 ……………………………… 105

Ⅴ－1　教育産業と知的財産 ………………………………………… 107
Ⅴ－2　フランチャイズビジネスと知的財産 ……………………… 109
Ⅴ－3　企業経営の実際と知的財産 ………………………………… 112
Ⅴ－4　フランチャイズベンチャーの組織と知的財産 …………… 117

第Ⅵ章　企業の商品開発活動における事業部知的財産の役割 ……………………………… 121

Ⅵ－1　現状と課題（生じている問題点と事例） ………………… 123
Ⅵ－2　国際協業における留意点に関する示唆 …………………… 137
Ⅵ－3　事業部知的財産への役割についての提言
　　　（有機的活動を資する知的財産マンへの変革） …………… 139

第Ⅶ章　中小企業と特許事務所の連携およびベンチャー経営者と特許事務所の連携 ……………………………………… 141

Ⅶ－1　特許事務所と中小企業との関係 …………………………… 143

Ⅵ－2　特許事務所とベンチャー企業との関係 …………… 147
Ⅶ－3　中小企業における知的財産活用組織への提言 …………… 151
Ⅶ－4　知的財産部と他部門との連携に関する問題提起 …………… 155

第Ⅷ章　企業の知的財産部と弁理士との連携 …………… 161
Ⅷ－1　はじめに …………… 163
Ⅷ－2　知的財産部の変貌と弁理士との連携 …………… 164
Ⅷ－3　知的財産部の業務と弁理士との連携 …………… 166
Ⅷ－4　これからの企業は弁理士に何を期待すべきか、何を期待すべきではないか …………… 175
Ⅷ－5　弁理士は企業に何をしてあげられるか …………… 176
Ⅷ－6　これからの連携の一つの姿 …………… 177

著者略歴

プロローグ

【登場人物】

　革鞄などの材料である皮革を製造・販売するメーカー＝株式会社プルックズ
西川皮革株式会社が前身。

　皮革製品に対する柔軟性加工や表面加工によって着色の耐久性を向上させる
技術に定評があり、鞄メーカーなどに皮革素材を卸している。

　販売促進用のノベルティとして配布した小銭入れが取引先の評判を呼んだこ
とをきっかけとし、昨年から、コンシューマ向けの商品の製造販売を開始し
た。

1. 営業部　コンシューマ事業部担当
     山西進
2. 営業部　マーケティング担当
     小西奈美
3. 企画部　商品開発課
     中田俊英
4. 技術部　研究開発課
     東山健太
5. 資材部　部長
     喜多靖
6. 技術部　工場長
     北見俊彦
7. 技術部　知的財産課
     三波紀子

8. 社長
　　西川明（創業者の二代目）

1. 新商品の開発会議

　プルックズ社において、新商品の開発会議が始まろうとしていた。早めに会議室に集まった面々は、用意された試作品を手にとって、ワイワイガヤガヤとやっていた。

　会議が始まると、営業部の山西が発言した。
「携帯電話のケース、そのケースとデザイン統一されたストラップ、そのストラップとケースを金具の三点セットを売り出したいのです。これが試作品です。」
　良くも悪くも「大人しい法律屋」との評価が、コンシューマ商品の営業を担当するようになって変わってきた、との評判である。
「試作品は、色柄をつけていませんが、形状デザインについては、三種類用意してあります。」

「マーケティング担当としては、今の意見、どうだね？」
司会進行役の喜多が営業部の小西に促した。プルックズ社において資材調達は重要な部署であり、その責任者である喜多は、人間的に非常に優れている。

「いきなり三点セット、という点に若干の引っかかりがありますが、
　小銭入れで培ってきた市場では、大きな外れはないと思います。」

「試作者の意見は？」
　喜多が、試作を手掛けた中田に振った。

中田は、プルックズ社に入社前はイタリア、イギリスなどでデザインの武者修行をしてきた。皮革製品のデザイナーとして採用され、現在は商品開発を担当している無口な男だ。

「三種類のうちA案、B案の二つは悪くないと思います。C案もまあまあです。」

「お前のデザインは、マニアックだからなあ、『Cのまあまあ』が一番売れるんじゃないか。」
　工場長の北見が、皆の笑いを誘った。

「研究開発として、何か意見は？」
　東山が意見を求められた。

「金具が問題になりそうです。そのデザインを採用するには、金具との関係で素材をかなり柔らかくしなくてはならないか、金具の形状を変更する必要があります。」
　東山は、ぶっきらぼうに答えた。そして、もっと詳しく説明しろ、という空気を察して続けた。

「金具が付く部分の素材の厚みが薄いので、素材に負担のかからない形状にしたい。しかし、そうした形状にすると、中田さんのデザインに変更が出るか、金具の素材を変更して金具代とその加工費がかなり高くなるかどちらかです。」

「金具の加工を自社でやれば見かけ上のコストは下がるけど、うちは金具屋じゃなくて革屋だから、やりたくはないなあ。」

工場長の北見がつぶやいた。

「今後、付加価値のある商品を自社生産していくためには、これをきっかけに金具の加工もチャレンジした方がいいとは思いませんか？」
　社長の西川が口を開いた。
　二代目ではあるが、ワンマン社長ではない。社歴の長い北見や僅かに年上の喜多を立てる腰の低い社長である。初対面の取引先では、喜多が社長に間違われたこともあった。

「即決はできませんが、前向きに検討します。」
　北見は元来、慎重な男なのだ。先代社長の時代に入社し、その直後に工場火災を経験していることが、慎重さに輪をかけたと言われている。

「三種類とも、最終仕様が決まるのはいつ頃でしょうか？　意匠登録出願の必要性について、どれとどれが必要なのか、この場で検討が必要かと思います。」
　発言のチャンスを窺っていた三波が、ようやく口を開いた。

「金具については、自社で製造しようが、他社に発注しようが、他の金具メーカーなどの意匠や特許の調査をしなければなりません。皮革部分の素材に関する処理技術についての特許も、柔軟性向上のための処理に特徴があれば調べる必要があるかもしれません。」

　一刻も早く売り出したい、という山西や中田の視線を無視するように、三波は続けた。
「ネーミングについても、『プルックズ』のままでいいのか、個別のブランドを立ち上げるのか、議論が必要かと思われます。マーケティングの方面からは、

何か情報がありますか？」

　三波に話を振られた小西は、ネーミングの大切さについて語り始めた。独自ブランドの確立にチャレンジすることのデメリットは、商標出願やその登録費用が掛かる程度だから、是非ともチャレンジしたいという意見だった。

　化学屋である東山は、あまり乗り気ではなかった。学者っぽく社内を歩き回る彼にとって、興味のある商品ではないのだ。素材メーカーとしての会社のあるべき方向と違っている、とも思っているせいでもあろう。
「素材関係の特許は、よく調べて侵害のない大丈夫な技術しか採用しませんからご安心ください。」
　事務的に、自己防衛的に、発言した。

2. 販売準備と販売開始

　中田の試作品について、マーケティング担当の小西が中心となって社内でアンケートをしたところ、社内の評判は、中田の自信作であるA案が最も良かった。ついで「まあまあ」と言われたC案。B案を評価するのは若い女性の一部だった。
　そうした評判を判断材料としつつ、どれが当たるか分からないし、大した投資ではないから、という社長の後押しもあり、三種類のデザインについて、ケースとストラップのそれぞれ、計6つの意匠登録出願をすることに決定した。

　ただ、特許の調査は困難だった。金具についての出願が数多かったことに加え、これまでの調査分野である化学や皮革とは無関係、未経験の分野だったか

らだ。
　三波は、プルックズ社が使っている弁理士に相談した。その弁理士は、化学系を専門とする弁理士だが、分野にとらわれない多様な経験から、以下のようにアドバイスした。
「爆発的に売れる金物って、多くはないでしょう。御社の製品も爆発的に売れることは、期待はしても現実的には難しいですよね。だとしたら、やれる時間と予算の中で調査をして、似たものがなければ、その金物だけ意匠出願しておいたらどうですか？」
「調査漏れで他社の侵害になってしまったらどうしましょう？」
　三波は、浮かんだ不安をすぐに口にした。
「そのときは、廃棄するか、お金を払うかですけど、金額として大きなものにはならないと思うのですが、いかがでしょう。」
「なるほど、費用対効果を考えよ、ですね。」

　三波は、わくわくしていた。知的財産課に配属されて始めてのことだ。これまでの仕事は化学系の特許ばかりで、商標が年に１、２度、意匠はゼロだった。
　今回は、単発の仕事ではない。プロジェクトとして、知的財産の視点からできることを自分がサポートをしなければならない。緊張感が薄れがちだった日常が一変しそうだった。

　小西も、嬉々として仕事をしていた。これまでのプルックズ社においては、マーケティングという発想自体がなかった。営業とどこが違うのか、と未だに理解してもらっていない社員も少なくない。それもそのはず、決まった取引先に、どれだけ買ってもらえるか、という昔ながらの営業が、ついこの前まで通用していた業界である。

社長の西川には、戸惑いがあった。先日の会議では「新規事業への挑戦」を率先、後押しする発言をしたものの、当面は出費ばかりが予想された。出費に関する不安だけではない。株主への説明は？　製造物責任は？　・・・

　不安の核心は何なのか。本当の意味で冷静に考え、判断できるようになるまで時間が掛かりそうだった。しかし、判断に多くの時間はかけられそうもなかった。

3. クレーム多発

「御社の携帯電話ケースに、炭酸ジュースがかかっただけで色落ちしてしまったんで交換して欲しいんだけど？」

「田園調布の鈴木という者だが、おたくの携帯電話ケースの金具が引っかかって、イタリア製のスーツが破けてしまった。40万ほどだったのだが弁償してもらいたい。」

　営業部　コンシューマ事業部に設置した「お客様ホットライン」の電話が鳴るたび、部内に緊張が走った。

　電話対応のマニュアルづくりの際に想定していた質問は、半分程度であった。マニュアル通り、手に余りそうな電話は、山西に回された。そのため、山西は席を離れることができなかった。実際にはそんなに頻繁に山西へ電話が回された訳ではないが、外観に似合わず繊細な山西は、張りつめた面もちで、自分の席にいた。昼食も、朝自ら購入してくるコンビニ弁当ばかりとなった。

　クレーム電話の内容を報告させてチェックする社長の西川は、平静を装っていたが、社内の目立たぬ場所から顧問弁護士に電話をする回数が著しく増えていたようだった。

クレーム内容において技術的な面から解決すべき課題も抽出された。そうした課題は、技術部の喜多、東山を中心にして検討され、改良案が出された。改良案について、他社の権利侵害の有無をチェックする三波は東山と喧嘩になった。
「良かれ、と思う改良案を、片っ端からダメ出ししやがって。」
「仕方がないでしょ。他社の特許や意匠に引っかかったら、廃棄処分で大打撃よ。」
「そりゃ分かっているけど・・・」
　気の強さ弱さで、勝負がついたようだ。しかし、しこりを残してはならないとの配慮から、喜多が三波をたしなめた。
「三波っ、お客様からのクレーム対策で頭を抱えながら仕事をしているのだから、楽しそうな顔をして仕事をするな！」
　この一言は、三波に良く効き、東山の溜飲を下げた。

　大過なく時が過ぎ、「クレームの多さは、ヒットの証拠」と開き直れる雰囲気が社内にできあがりつつあった。

　そんな矢先、内容証明として社長室宛に、とうとう着てしまったのが、意匠権侵害の警告書だった。　もともと、「類似しているからデザイン変更を！」と、三波が主張していたＸ社による懸案の意匠権による警告書だった。

　警告の対象である携帯電話ケースは、マーケティングの小西による評判のデータや、営業部の山西の強硬案が、三波の主張を押し返していた、という製品だった。そしてその後、社長の西川による『総合的な判断』にて、販売開始にゴーサインが出た製品だったのだ。

4. 収束

　内容証明のやり取りの後、2度に渡る話し合いがX社とプルックズ社との間で行われ、在庫の出荷停止と、幾ばくかの和解金にて解決をみた。

　この件に最初から最後まで関わった知的財産課の三波としては、慎重路線の主張が通らなかったこと、強攻策が採用された背景として企画部や営業部に知的財産マインドが足りないことなどに不満を持っていた。
　トップダウンでなければ事態が好転しない、と考え、機会あるごとに社長の西川に直訴した。しかし、西川は、『総合的な判断』として誤っていなかったと自信を持っていたようで、比較的ねばり強い三波でも諦めざるを得なかった。

　和解金の支払いが完了したことを、西川に報告しに、三波は社長室のドアをノックした。そこで三波は、西川の口から、労いの言葉とともに、意外な考えを聞かされたのだった。
　「コンシューマ商品に手を拡げようという我が社には、君の理想とする知的財産マインドは全く不足している。短期間でそのスキルをアップするには、今回の和解事件は最適だったと思っている。知的財産権にて訴えられて金を払ったというのは、学習効果の高いコンサルティングを受けたのだ、と。」

　奥深い西川の考えを聞かされ、三波は返答に困った。そしてようやく口を開いた。
　「安くないコンサルフィーではなかったでしょうか？」

　「安かった、と思えるようにするのが、君のこれからの仕事だよ。」

三波は、大きな使命感を胸に秘め、社長室を後にした。

（終わり）

　　　　　　　　　　　　　　　　　　　　　　　作　的場成夫

第Ⅰ章　企業の成長と強化のカギとしての知的財産と他部門との連携

東京工業大学イノベーションマネジメント研究科　技術経営専攻
准教授　田中　義敏

要約

　知的財産マネジメントは、防衛、質と効率、利益回収、統合化という段階を経て成長していく。この統合化段階においては、知的財産を活用し、経営目標の達成に貢献するものとしていくためには、知的財産部門がこれまで行ってきた出願から権利化という専門業務の枠を超えて、知的財産に関連する幅広い活動を、企業内の他部門との協働作業を通じて十分な連携のもとで遂行していくことが、重要な視点となる。知的財産立国の実現による我が国産業の国際競争力の向上に向けて、知的財産部門が企業内の他部門と連携を密にするところに企業の成長強化への役割が見出せるのではないか、ひいては国際競争力の中で知的財産を中心とした強い企業を作っていける。知的財産部門が企業の他部門と融合しながら統合化された知的財産マネジメント体制を構築し、企業の経営目標の達成および企業の成長・強化に貢献する知的財産部門の役割を追求していかなければならない。

第Ⅰ章　企業の成長と強化のカギとしての知的財産と他部門との連携

　知的財産立国の実現による我が国産業の国際競争力の回復に向けて、知的財産の創出、保護、活用に関する各種施策が展開されている。我が国産業界による世界トップクラスの特許出願件数からしても、活発な研究開発活動および膨大な知的財産の創出が達成されている。また、世界に冠たる特許行政の迅速的確な審査審判体制の中で、知的財産の保護についても国際的レベルに達していると言ってよいだろう。しかしながら、現在存続する特許件数も約100万件に達している現状で、特許権の実施またはライセンスに活用されていない特許件数も約7割に達しており、今後は、保護されている特許権を如何にしてビジネスに活用していくかが大きな課題になっている。

　さて、ここで知的財産の活用という点について少し触れてみたい。「知的財産の活用」という表現も国を挙げての知的財産戦略などを通して知的財産業務に携わる人材の間ではすでに慣れ親しんでいる表現であろうが、その意味するところは必ずしも統一的に解釈されているわけではない。まず、「知的財産の創造」とは、発明、考案、デザイン、ノウハウ、著作物などの人間の創作活動の成果物である知的財産を生み出すこと、企業活動においては、研究開発部門、製造部門またはマーケティング部門などを中心として繰り広げられている活動である。これらの創造活動の成果物を法律の下で保護していくことを「知的財産の保護」ということは皆の周知の点である。この先が少し曖昧になっている。「知的財産の保護」の結果、「知的財産権」という権利が生まれてくるわけであるが、この知的財産権として確立された権利の活用を「知的財産の活用」と理解する者もあれば、一方、権利の活用に留まらず、創造された知的財

産に関わる幅広い活動を経営に活用していくことを「知的財産の活用」と理解している者もおり、それがゆえ、「知的財産の活用」に向けた企画立案および具体的活動が、この捉え方によって大きく変わってきている。

　まず、知的財産権という権利の活用を考えてみよう。知的財産権は、当該知的財産権の保有者に与えられる独占排他的権利である。すなわち、実施許諾または使用許諾を得られない限り第三者は実施または使用することができない。したがって、第一の活用形態としては、企業が市場に提供している製品に当該知的財産権を実施または使用することによって、第三者はこれを侵害する製品を市場に出すことができないわけで、知的財産権の保有者は自らの製品の市場占有率を高めることができる。そして、万一知的財産権が侵害された場合には、これに基づく権利の行使により第三者を排除することができる。これは、知的財産権の活用により、市場占有率を高め収益を拡大するという企業目的に貢献するということになる。第二の活用形態としては、当該知的財産権で保護された知的財産を自ら実施または使用しない場合であっても第三者に対してライセンスすることによってロイヤリティーとして収益向上に寄与するものであり、知的財産権に基づく収益拡大として企業目的に貢献する。この形態では、自ら実施または使用しない場合だけに留まらず、自らも実施または使用するが、これに加えて第三者に対してもパートナーとして同製品の製造販売等によりトータルの市場形成および拡大を図る活用形態も存在する。さて、第三の活用形態としては、直接収益向上とは言い難いところであるが、自らの製品領域を守るため、自らは実施または使用しない知的財産権であるが、当該知的財産権によって保護されている領域に第三者が参入することを防ぐ、いわば防衛的な役割を期待し、知的財産が活用されているような形態である。以上は、先に述べた「知的財産の活用」という言葉を、知的財産権という権利の活用として捉えた場合の活用形態である。

　企業経営に知的財産の活用が大いに貢献し、企業の国際競争力を高めていくための「知的財産の活用」を考えていく上では、上述の「権利の活用」という

狭い捉え方では必ずしも十分ではない。企業内では、知的財産に関連した実に幅広い活動が展開されている。例えば、昨今いろいろ話題になった職務発明に関する議論およびその運用のための企業内活動を思い浮かべて欲しい。従業員が職務上なしえた発明の組織への帰属とその対価として受ける従業員の報酬のバランスをどうとるべきか。この問題の根底に存在するのは、保護された知的財産権の活用という議論ではなく、企業利益の確保と同時に従業員の発明意欲を向上させる、あるいは、開発志向型の企業風土を醸成するといった組織及び従業員の成長という企業目的が存在している。また、製品の品質、価格、納期などの企業間の競争的優位性がビジネスの現場では極めて重要な要素であるが、知的財産もその一翼を担う場合も出てくる。例えば、知的財産により付加価値を向上した企業競争力が、業務提携または合併の際の交渉材料として活用され、自らに有利な展開の議論を促すこともある。企業間のアライアンス形成に関しても知的財産を活用する場合としない場合では、結果に大きな違いが生まれてくる。また、最近では、技術流出防止対策、模倣品の発見と対策、標準化に向けた知的財産戦略など、知的財産を取り巻く活動が広がってきている。このように、企業内では、単に知的財産権という法律で保護された権利の活用に留まらず、実に多種多様活動を推進しており、加えて、これまでの出願から権利化という知的財産の専管事項である専門業務だけでは遂行することができず、企業内の関連部門との共同作業が必須となる業務まで広がっている。当然ながら、これらの幅広い知的財産活動の遂行のためには、企業内の他部門との連携を強化していくことが、その成果を最大化することに欠くことのできないものとなっている。このように、知的財産に関連する活動をいかに活用していくかが重要な責務となっており、それゆえ、知的財産に関するあらゆる活動を企業目標の達成に向けて活用していくことを「知的財産の活用」と捉えていくことが必要になってきていると考える。一方、知的財産推進計画の実行のもと、企業の知的財産部門は、これまでになく幅広な活動に参画してきている。これらの活動の中には、知的財産部門が、企業内の他の機能部門と密に連携す

ることによって初めて遂行しうるような課題も山積しつつある。知的財産部門が、企業経営に密着に連携していくことの必要性がうかがえる。

　知的財産部門と他部門との連携の必要性について、いま少し議論を深めてみたい。

　Julie L. Davis and Suzanne S. Harrison は、著書 EDISON IN THE BOARDROOM: "How leading companies realizing value from their intellectual assets!?" の中で、企業における知的財産戦略の成長を5段階に分けている。これを、**図Ⅰ-1**「知的財産管理の成長図」に示す。初期段階においては、企業は、もっぱら自己保有技術の防衛を目的として、自ら開発した発明の特許出願により、発明の特許化を進める。すなわちこの段階では、発明の出願から権利化に至る過程に注力した戦略となる。しかしながら、一定の権利化が進められると、次の段階として、当該活動の質と効率が追求されるようになってくる。更に進んでくると、取得した特許権がプロフィットセンターとしてその役割を十分果たしているかどうかが問われるようになり、ライセンスによるロイヤリティーの回収など特許権に基づく収益向上の活動が要求されてくる。更に進むと、企業内の各部門との間にインテグレートされた活動が惹起されているかどうか、知的財産戦略の企業活動への貢献度が求められてくる。最終的には、これらの段階を経て、知的財産戦略が企業の成長に役立つこととなる。すなわち、第1段階の防衛目的から始まり、より高度な時点においては、企業内各部門との協働が必要になってくることを指摘している。

　また、Andy Gibbs, Bob DeMattheis は、著書 Essentials of Patents の中で、強力で競争的なビジネスツールとして特許を強化すること、および、製品を市場に浸透させ利益を拡大するために特許を活用すること等の必要性をうたい、マーケティング部門における特許管理、エンジニア部門における特許管理、製造部門における特許管理、財務部門における特許管理、人事部門における特許

【図Ⅰ-1】　知的財産管理の成長図

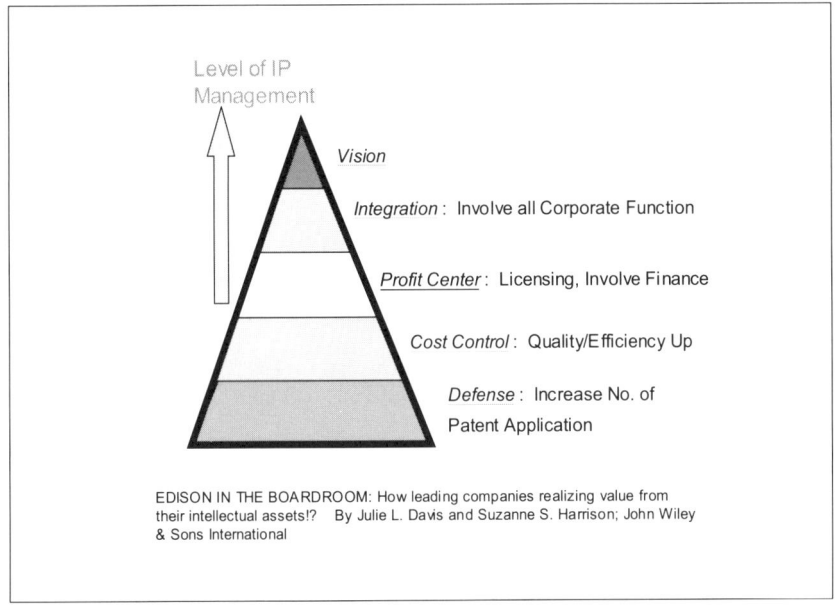

管理、IT部門における特許管理、更にはCEO・ICOのための特許管理を具体的に説いており、特許管理は知的財産部門の仕事であるという従来の枠を越え、企業内の各機能部門においても特許管理に関与し企業全体としての連携のとれた知的財産活動を提唱し、企業内各部門における特許管理の具体的業務について解説している。さらに、平成15年3月14日に経済産業省が発表した「知的財産の取得・管理指針」においては、事業戦略、研究開発戦略および知的財産戦略は、三位一体として構築するべきであり、知的財産部門が事業・研究開発部門等の関係部門と密接な連携を図っていくことにより、知的財産を核とした企業経営に繋がっていくと、知的財産部門と他部門の連携の必要性がうたわれている。この理念のもとに、各企業が知的財産部門の役割を再構築していくことが求められている。

　また、平成16年知的財産管理Vol.54 No.4「ビジネス強化・成長のための知

的財産の活用」において、企業経営者が知的財産部門に期待する役割を調査した上で、今後21世紀に向けて我が国が更に継続して国際競争力を維持していくためには、これまでとは視点を変えた知的財産の戦略的活用が望まれ、ビジネスを強化・成長させるツールとして、権利主体である企業において、知的財産活動と一体化した機能へ位置付け、その最大限の活用を図っていくことが望まれると主張している。

以上のように、知的財産を企業の競争力強化の材料として経営目標の達成に貢献するものとしていくためには、知的財産部門がこれまでの出願から権利化という伝統的専門業務の枠を超えて、知的財産に関連する幅広い活動を関連する他部門との協働作業を通じて十分な連携のもとで遂行していくことが、知的財産を活用していく際に重要な視点となると言える。知的財産立国の実現による我が国産業の国際競争力の向上に向けて、知的財産部門が企業内の他部門と連携を密にするところに企業の成長強化への役割が見出せるのではないか、ひいては国際競争力の中で知的財産を中心とした強い企業をつくっていけるのではないか、という着眼点のもとに企業活動を展開していくことが必要な時代になっている。また、知的財産部門が企業の他部門と融合しながら、企業の経営目標の達成に向けて努力をしていくことにより企業の成長・強化に貢献する知的財産部門の役割を向上していかなければならない。

参考文献一覧

[1] Julie L. Davis and Suzanne S. Harrison 『EDISON IN THE BOARDROOM: "How leading companies realizing value from their intellectual assets!?"』 （Wiley & Sons, 2003）

[2] Andy Gibbs, Bob DeMattheis 『Essentials of Patents』（Wiley & Sons, 2004）

[3] Andy Gibbs, Bob DeMattheis；田中義敏、葛和清司翻訳『特許の真髄』（発明協会、2006年）

[4] 「知的財産の取得・管理指針」（経済産業省、平成15年3月14日）

[5] 田中義敏『ビジネス強化・成長のための知的財産の活用』（知的財産管理 Vol.54 No.4、2004 年）

第Ⅱ章　企業経営における知的戦略部門と他部門との関係

東京工業大学イノベーションマネジメント研究科　技術経営専攻
准教授　田中　義敏

要約

　知的財産部門が企業の他部門と融合しながら統合化された知的財産マネジメント体制を構築していくためには、知的財産部門は他部門とどのような連携を図りつつ知的財産活動を展開していくことが必要であろうか。まずは、連携の現状を認識した上で、さらに、どのような連携主題について戦略化していくべきかを考えてみたい。平成17年から18年にかけて行った調査研究（平成17年度特許庁大学知的財産権研究プロジェクト）の結果から、各種の知的財産業務ごとに企業内他部門とどのような連携を行っているかを浮き彫りにし、この結果から、連携のあり方のベストプラクティスを提示し、知的財産部門の目標管理を企業内他部門の目標管理と融合させる際の視点を提供していく。加えて、この調査結果および調査分析に用いた手法を活用することにより、自らの知的財産部門の活動評価を行い、知的財産部門の活動を企業内で統合化し、知的財産活動を企業経営に融合させる手がかりを与える。

第Ⅱ章　企業経営における知的財産部門と他部門との関係

　第Ⅰ章では、知的財産部門と他部門との連携を強化することが企業の成長と強化に貢献できる知的財産活動になることに触れた。そもそも、企業内組織が他部門と連携することは当然のことであって、今初めて主張されるまでも無いことであるという反論もあるだろう。ところが、そう簡単なことではないのである。

　企業経営は、投資家からの資本をもとに、経営資源である人・物・金・情報を有効に活用し、自らの製品・サービスに付加価値をのせて市場に提供し、これらを購入して使う顧客または最終消費者に対して実質的な効用を与えること、および、顧客の要求する製品・サービスを提供する事業活動を継続していくことにより、自らの企業の成長を達成していくことである。そしてこの目標を達成するために、企業内に必要な機能部門を組織化し、顧客満足に向かいこれらの機能部門が密に連携を取りながらトップの意思決定に必要で十分な材料を作っていく。部門間連携が密であればあるほど意思決定のための材料は全社的視野で構築されており、連携が不足していれば各部門から提供された材料は、意思決定の方向性が異なるあるいは相反する提案がなされている場合もあり、トップによる意思決定の十分な材料とは言い難い面が出てくる。企業のトップにとっては、企業の成長を達成するために組織化した機能部門が当該目標の達成に必要でかつ十分な連携が相互に図られているかということは極めて重大事であり、それがゆえ、機能部門の壁を越えた横串の横断的チームを構成したり、マトリックス組織による機能部門を越えた業務体制を構築するなどの努力が払われる。この際の一つの課題として挙げられるのが、機能部門の専門

性という壁である。専門性が高い部門については、この専門性が他部門とのコミュニケーションを高めることの阻害要因となる。どの部門も何らかの専門性を持っているが、他部門に対して容易に説明できる程度のものか、あるいは、一定の長い経験を通じて始めて理解できるような特殊なレベルのものまで様々である。知的財産活動は、その前提として特許法、実用新案法、意匠法、商標法、著作権法、不正競争防止法などの特別法が存在し、これらの専門的法律分野における法律上の権利義務に関する知識がまったく無い状況ではなかなか活動に対する理解が得られにくいという特殊性を抱えている。もちろん知的財産活動に限らず、品質保証業務、環境対策、安全性対策などなど種々の業務において特別な法律知識が前提となるような活動が企業内には多く存在する。知的財産活動は、これらの活動と同様に難解な分野または他部門と連携しがたい分野の一つと言ってよいだろう。また、別の視点から考えてみると、顧客に向けた直接部門であれば、顧客満足のために関連部門が否が応でも十分な連携を取って企業としての対応が必要になる。言い換えれば、直接部門は、顧客のために連携を強制的に求められるのに対して、これら直接部門を支援する間接部門は、面前に顧客の顔が無いがゆえに、部門間連携に関する強制力が存在しない。結果としては、連携度が低いまま所管の業務を達成していても誰からもとがめられることがないような面がないとはいえない。実は、知的財産部門も間接部門としてこのような環境に甘んじていると言えないこともない。

　以上のような観点から、知的財産部門は他部門とどのような連携を図りつつ知的財産活動を展開していくべきかを追求することが重要な課題と言ってよいだろう。まずは、連携の現状を認識することが重要となる。現状の連携レベルを認識した上で、どのような連携を追及すべきという課題が次に出てくる。2005年から2006年にかけて行った調査研究（平成17年度特許庁大学知的財産権研究プロジェクト）について説明する。

　この研究は、経営目標に向かって企業内他部門との連携を強化すべきという

知的財産部門のあり方を踏まえ、今後の企業競争力を強化する知的財産活動を推進していく上で、現在、他部門とどのような連携をしているかを明らかにすることにより、知的財産活動が企業の成長・強化に貢献していくための連携のあり方に関する示唆を与えると共に、連携のあり方のベストプラクティスを提示し、知的財産部門の目標管理を企業内他部門の目標管理と融合させる際の視点を提供することを目的としている。これまでは、連携の必要性はうたわれているものの、知的財産部門と他部門がどう連携しているかということについては調査研究されておらず、その実態を明らかにしていくことに焦点をあてている。具体的には、現在、知的財産部門と他部門がどのような連携をしているかを明らかにすると共に、今後どのような連携を強化すべきかを整理する。さらには、知的財産部門の今後の役割を連携のあり方から探っていく。加えて、この調査結果および調査分析に用いた手法を活用することにより、企業内連携という視点から自社の知的財産部門の活動評価が可能となること、当該評価結果を踏まえた改革を実行することにより、知的財産活動を企業経営に融合させることが可能となるなどの効果が期待できるものである。

知的財産部門と他部門との連携度を測定するために、以下のとおり、企業へのアンケート調査を実施した。

（調査目的）知的財産部門が遂行する各種の知的財産活動について、現在、企業内他部門とどの程度の連携を行なっているかを測定するとともに、当該連携の際の主題事項を明らかにすること。また、本アンケート調査を行なうにあたって前提とする認識は以下のとおり。知的財産戦略を企業経営に貢献できるものとするためには、取得した知的財産権の権利活用の促進のみに留まらず、企業内で創造される知的財産に関係するあらゆる知的財産活動を如何に企業経営に有機的に繋げていくかが大きな課題であり、企業が抱えるビジョン・目標の実現に向かって、知的財産部門が、研究開発、営業、マーケティング、製造などの各機能部門に対して積極的な関わりを持っていかなければならず、このような関わりを追求しインテグレートされた一連の仕組みを構築していくこと

が重要。
(調査対象者) 企業の知的財産担当責任者
(調査対象企業数) 59社。調査対象企業の概要は、**表Ⅱ-1**「調査対象企業の概要」に記載されたとおりで、基本的には大企業に対して行われたものである。回答企業数は、26社（回収率44％）であった。

【表Ⅱ-1 調査対象企業の概要】

業種別企業数		資本金規模別企業数		従業員規模別企業数	
電機	9	～10億円	1	～100人	1
科学・薬	6	10～100億円	6	100～1000人	5
機械	6	100～1000億円	13	1000人～10000人	14
他	5	1000億円以上	6	10000人以上	6

アンケート調査に当たり、研究の中心的主題事項である、知的財産部門と他部門との連携に関し、本アンケート調査でいう「連携」という用語について、以下のような定義をおいた。
「連携」とは、「特定の業務遂行に際して、知的財産部門の判断だけでなく、必要となる他の部門との連絡・相談・協議など」をいう。
アンケート表での設問は、知的財産部が関与する知的財産関連の特定の業務ごとに、以下の3段階の質問により構成した。
(1) 知的財産関連の特定の業務に関して、当該業務遂行の有無
(2) 当該業務遂行のための他部門との連携度レベル
(3) 当該業務遂行のための他部門との連携の具体例
そして、知的財産部が関与する知的財産関連の特定の業務については、**表Ⅱ-2**「41の知的財産に関する特定業務」に示すように、41項目の特定業務を設定した。

【表Ⅱ-2　41の知的財産に関する特定業務】

1	知的財産部門の目標設定	22	訴訟提起前の相手方への警告・交渉
2	知的財産部門の組織の変更・見直し	23	侵害訴訟提起
3	知的財産部門の予算要求	24	侵害訴訟で訴えられた場合の対応
4	社内からの技術シーズ発掘活動	25	和解すべきか否かの検討
5	パテントマップ作成	26	第三者の権利のライセンスイン
6	パテントポートフォリオ作成・評価	27	第三者に対する自社権利のライセンスアウト
7	保有権利の評価・棚卸し	28	第三者とのクロスライセンス
8	競合他社の出願・権利情報の調査・活用	29	他企業との共同研究開発
9	顧客企業の出願・権利情報の調査・活用	30	新規事業立ち上げに必要な知的財産活動
10	顧客満足度向上に貢献する知的財産活動	31	企業買収または合併時に必要な知的財産活動
11	下請けなど取引先企業の出願・権利情報の調査・活用	32	海外への事業展開に必要な知的財産活動
12	知的財産部門から他部門への提案	33	海外企業とのライセンス契約
13	知的財産権の出願戦略の策定	34	模倣品対策
14	出願に先立つ先行技術の調査・活用	35	技術の標準化に関する知的財産活動
15	発明提案を出願すべきか否か検討	36	社員に対する知的財産教育
16	出願前、出願明細書の最終チェック	37	社員のモチベーションを高める活動
17	拒絶理由通知への対応の検討	38	組織・社員の習熟と成長に貢献する知的財産活動
18	拒絶査定不服審判請求	39	知的財産報告書（アニュアルレポートでの開示を含む）の作成
19	第三者の権利に対する無効審判請求	40	技術流失防止対策
20	審決取消訴訟すべきか否かの検討	41	会社業務の改善に貢献する知的財産活動
21	自社権利に基づく権利行使		

　連携度レベルに関しては、以下の4段階での判断基準により16部門それぞれの部門との連携度に関する回答を求めた。

4：非常に連携が必要である。

3：まあまあ連携が必要である。

2：ほとんど連携は必要でない。

1：全く連携は必要ない。

【表Ⅱ-3　16の他部門一覧】

取締役会または担当役員	経営企画部門	研究開発部門	調達部門
製造部門	技術サービス部門	マーケティング部門	広報部門
品質保証部門	営業部門	財務・経理部門	人事部門
ＩＴ部門	法務部門	総務部門	海外事業部門

　知的財産部門と他部門との連携に関し、本アンケート調査で対象とした他部門としては、**表Ⅱ-3**「16の他部門一覧」に示す16部門をあげた。

　なお、当該部門の特定については、企業ごとに呼称する部門名称の相違を配慮して、当該部門名称にはこだわらず、以下の定義による部門または担当者と置き換えてご回答を求めた。

「取締役会又は担当役員」：　事業執行の統括的な役割を行なっている部門または担当役員

「経営企画部門」：　経営方針及び事業活動の企画立案を行なっている部門または担当者

「研究開発部門」：新製品開発・改良技術開発などを行なっている部門または担当者

「調達部門」：原料、資材の購買を行なっている部門または担当者

「製造部門」：製品の生産を行なっている部門または担当者

「技術サービス部門」：製品の保守・メンテナンスなどを行なっている部門または担当者

「マーケティング部門」：マーケティングを行なっている部門または担当者

「広報部門」：広報・ＩＲ活動を行なっている部門または担当者

「品質保証部門」：製品の品質保証に関する活動を行なっている部門または担当者

「営業部門」：営業活動を行なっている部門または担当者

「財務・経理部門」：財務・経理業務を行なっている部門または担当者
「人事部門」：人事業務を行なっている部門または担当者
「ＩＴ部門」：コンピューター業務を行なっている部門または担当者
「法務部門」：知的財産権以外の法務業務を行なっている部門または担当者
「総務部門」：総務業務を行なっている部門または担当者
「海外事業部門」：海外での事業を遂行している部門または担当者

　第Ⅱ章においては、以上の調査研究の結果から、知的財産部門と他部門との連携の現状および連携主題更には知的財産部門の今後の役割について考えてみることとする。

Ⅱ-1　知的財産部門と他部門との連携の現状について
(a) アンケート結果の一例

　アンケート結果は、それぞれの知的財産関係業務について、各企業が他部門とどのように連携しているかを示すものであり、41の業務ごとに以下のような生データを得ることができた。ここでは、生データの形式を理解してもらう目的で、一業務（知的財産部門の「目標設定」）について例示する。表Ⅱ-4「業務ごとのアンケート集計結果の一例」に、業務ごとのアンケート集計結果の一例を示した。横軸のＡからＺは、アンケート回収した各企業を英文字で示した。縦軸には、16の他部門を示す。表中のスコアーは、連携度に関しての回答1（全く連携は必要ない）から4（非常に連携が必要である）までの4段階を示す。図Ⅱ-1「業務ごとのアンケート集計結果の棒グラフ」は、上記の表を棒グラフにしたもので、知的財産部門の「目標設定」という業務に関しては、知的財産部門が自らの目標設定をしていく上で、取締役会または担当役員、経営企画部門、研究開発部門、製造部門、技術サービス部門、マーケティング部門、法務部門、海外事業部門と、何らか

の連携をしていることがわかる。中でも、特に連携度の強い部門としては、取締役会または担当役員、研究開発部門が連携度3.2をカウントしており、知的財産部門の目標設定が、研究開発部門との連携のもとに、会社役員クラスの承認を得る形で行なわれていることがわかる。

【表Ⅱ-4　業務ごとのアンケート集計結果の一例】

知的財産部門の「目標設定」

		A	B	C	D	E	F	G	H	I	J	K	L	M	N	O	P	Q	R	S	T	U	V	W	X	Y	Z	合計	平均
取締役会又は担当役員	001	3	4	4	4	3	4	3	3	4	3	3	4	4	4	1	3	3	4	3	3	3	1	4	3	86	3.3
経営企画部門	002	2	3	3	4	1	4	3	2	4	2	3	1	1	4	2	1	3	3	3	3	3	2	1	3	3	67	2.3
研究開発部門	003	4	3	3	4	4	4	1	3	4	3	4	4	1	4	4	1	4	3	4	4	4	4	1	4	4	87	3.3
調達部門	004	1	2	1	2	1	1	2	1	1	1	1	3	1	3	3	1	2	2	1	2	1	3	1	1	2	3	43	1.7
製造部門	005	2	3	3	4	3	3	1	1	3	1	1	3	1	3	2	1	4	2	1	3	3	3	4	1	2	3	61	2.3
技術サービス部門	006	2	2	3	2	3	4	3	1	1	1	1	2	1	4	3	1	3	2	1	2	1	3	4	1	4	3	58	2.2
マーケティング部門	007	2	2	3	2	1	4	3	3	1	1	2	4	1	4	3	1	4	3	3	1	3	2	1	4	4	65	2.5
広報部門	008	2	2	2	3	1	4	3	2	1	1	1	2	1	3	3	1	3	2	2	2	1	1	2	3	51	2.0
品質保証部門	009	2	2	1	2	1	2	3	1	1	1	2	1	2	2	2	1	3	1	2	1	2	1	2	43	1.7
営業部門	010	2	2	2	3	1	3	3	2	1	1	3	1	3	3	1	2	3	2	2	3	1	1	2	1	50	1.9
財務・経理部門	011	3	3	3	2	1	3	2	2	1	1	1	1	1	3	2	1	2	4	2	2	2	3	1	3	1	51	2.0
人事部門	012	3	2	3	2	1	2	2	2	3	1	1	1	2	3	1	3	3	2	3	2	1	1	2	1	49	1.9
IT部門	013	2	2	2	2	1	1	2	2	1	1	1	1	1	3	4	1	1	3	1	3	3	1	2	1	1	48	1.8
法務部門	014	2	2	2	2	1	2	4	3	2	1	2	2	1	4	4	1	4	3	4	3	3	3	1	1	3	4	66	2.5
総務部門	015	2	2	1	1	1	2	2	2	1	1	1	2	1	3	1	1	2	2	2	2	2	1	1	2	2	42	1.6
海外事業部門	016	2	3	2	4	1	3	3	2	2	1	2	4	1	3	4	1	3	3	1	3	1	1	3	3	63	2.4

【図Ⅱ-1　業務ごとのアンケート集計結果の棒グラフ】

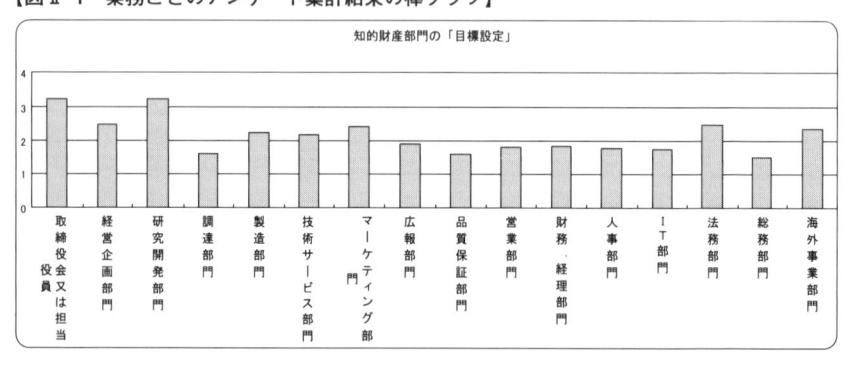

知的財産部門の「目標設定」

41のすべての業務に関してこのような現状の連携度を評価するため、各業務、各部門における回答の26社平均を取り、一覧表にしたものが、**表Ⅱ-5**「26社全体の回答平均」である。この表は、知的財産部の目標設定という

業務について、縦軸で示した16の部門とどのような連携度かを示している。表中の連携度を見て高い数値を示しているところが、特定の業務内容に関してどの部門との連携がなされているかを読み取ることができる。この研究では、このようにして得られた連携度表に潜む特性を読み取るため、これらの生データについて主成分分析を試み、知的財産部門が知的財産関係業務を遂行していく上で、現状として、どのような業務についてどの部門とどの程度の連携を行なっているか、すなわち、業務遂行における他部門との連携の現状を解析し、評価考察を行なっている。

【表Ⅱ-5　26社全体の回答平均】

		取締役会又は担当役員	経営企画部門	研究開発部門	調達部門	製造部門	技術サービス部門	マーケティング部門	広報部門	品質保証部門	営業部門	財務・経理部門	人事部門	IT部門	法務部門	総務部門	部外事業部門
1	知的財産部門の目標設定	3.2	2.5	3.2	1.6	2.2	2.2	2.4	1.9	1.6	1.8	1.8	1.8	1.7	2.5	1.5	2.3
2	知的財産部門の組織の変更・見直し	3.1	2.2	2.6	1.2	1.6	1.5	1.5	1.4	1.3	1.3	1.7	3.0	1.5	2.3	1.7	1.7
3	知的財産部門の予算要求	3.1	2.4	2.8	1.2	1.6	2.1	1.7	1.3	1.1	1.5	2.7	1.8	1.6	1.9	1.5	1.8
4	社内からの技術シーズ発掘活動	1.6	1.3	2.7	0.8	1.7	1.5	1.5	0.9	1.2	1.3	1.0	0.9	1.0	0.9	0.6	1.5
5	パテントマップ作成	1.4	1.4	2.8	0.9	1.7	1.5	1.5	1.0	1.0	0.9	0.8	1.1	1.0	0.8	0.6	1.4
6	パテントポートフォリオ作成・評価	1.4	1.4	2.2	0.8	1.7	1.3	1.6	0.7	0.9	0.9	0.7	0.7	1.0	0.8	0.7	1.5
7	保有権利の評価・棚卸し	1.9	1.6	3.2	1.0	2.1	1.8	2.2	1.1	1.2	1.7	1.3	1.0	1.3	1.3	1.0	1.8
8	競合他社の出願・権利情報の調査・活用	1.8	1.7	3.0	1.1	2.0	1.7	1.8	1.0	1.1	1.4	1.0	0.9	1.3	1.2	0.9	1.7
9	顧客企業の出願・権利情報の調査・活用	0.8	0.8	1.3	0.7	1.0	1.0	1.8	0.5	0.6	1.1	0.5	0.5	0.6	0.7	0.5	0.8
10	顧客満足度向上に貢献する知的財産活動	1.1	1.0	1.8	0.7	1.3	1.4	2.0	0.8	0.5	1.2	0.5	0.5	0.7	0.7	0.4	0.7
11	下請けと取引先企業の出願・権利情報の調査・活用	0.7	0.7	1.3	1.3	1.0	0.8	0.7	0.4	0.5	0.6	0.4	0.4	0.6	0.6	0.4	0.7
12	知的財産部門から他部門への提案	1.8	1.5	3.4	0.9	1.5	1.8	1.6	0.8	1.0	1.3	0.8	0.8	1.3	0.8	0.7	1.1
13	知的財産権の活用戦略の策定	2.3	1.9	3.0	1.2	1.9	1.7	2.0	1.0	1.2	1.4	1.1	1.1	1.2	1.0	1.0	1.6
14	出願に先立つ先行技術の調査・活用	1.4	1.3	3.3	1.1	2.1	2.0	1.6	1.1	1.2	1.2	1.1	1.2	1.3	1.0	1.1	1.5
15	発明提案をすべきか否かの検討	1.4	1.3	3.3	1.2	2.2	1.8	1.7	1.0	1.1	1.3	1.0	1.1	1.2	1.0	1.0	1.5
16	出願前、出願明細書の最終チェック	1.1	1.2	3.2	1.0	1.8	1.3	1.3	1.0	1.2	1.1	1.0	1.0	1.1	1.0	1.0	1.2
17	拒絶理由通知への対応の検討	1.1	1.1	3.2	1.1	2.0	1.5	1.6	1.0	1.3	1.3	1.0	1.0	1.0	1.0	1.0	1.4
18	拒絶査定不服審判請求	1.3	1.2	3.3	1.1	1.9	1.6	1.6	1.1	1.4	1.0	1.1	1.0	1.1	1.1	1.0	1.4
19	第三者の権利に対する無効審判請求	1.8	1.5	3.0	1.3	2.1	1.8	1.1	1.1	1.1	1.4	1.0	1.0	1.1	1.4	1.1	1.5
20	審決取消訴訟すべきか否かの検討	1.3	1.1	2.1	0.8	1.3	1.2	1.2	0.8	0.8	1.0	0.8	0.7	0.7	1.1	0.7	0.9
21	自社権利に基づく権利行使	3.0	2.0	2.8	1.2	1.9	1.8	2.0	1.7	1.2	2.1	1.2	1.0	1.0	2.4	1.0	1.6
22	訴訟提起前の相手方への警告・交渉	2.8	1.7	2.3	1.2	1.7	1.7	1.7	1.0	1.1	1.9	1.0	0.8	1.0	2.3	0.9	1.6
23	侵害訴訟提起	2.4	1.6	2.0	0.9	1.1	1.5	1.5	1.3	0.8	1.5	1.3	0.8	0.8	2.0	0.8	1.2
24	侵害訴訟で訴えられた場合の対応	2.3	1.4	2.2	1.0	1.3	1.3	1.3	1.4	0.9	1.4	1.0	0.8	0.9	1.8	0.8	1.2
25	和解すべきか否かの検討	3.0	1.9	2.6	1.1	1.5	1.7	1.9	1.1	1.0	1.1	1.0	1.1	2.4	1.1	1.9	1.3
26	第三者の権利のライセンスイン	2.3	2.0	2.5	1.2	1.7	1.7	1.3	1.0	1.0	1.6	0.8	1.0	1.9	0.9	1.4	1.6
27	第三者に対する自社権利のライセンスアウト	2.5	2.0	2.5	1.2	1.5	1.7	1.5	1.0	0.9	1.8	1.0	1.0	1.0	1.6	0.9	1.6
28	第三者とのクロスライセンス	2.0	1.7	2.1	0.9	1.5	1.2	1.2	1.0	0.8	1.3	1.2	0.7	0.8	1.5	0.7	1.3
29	他企業との共同研究開発	2.3	2.0	3.3	1.2	1.6	1.4	1.3	1.2	1.1	1.2	1.1	1.2	1.0	1.5	0.9	1.5
30	新規事業立ち上げに必要な知的財産活動	1.6	1.7	1.6	0.8	1.2	0.9	0.7	0.9	0.8	0.8	0.7	0.8	1.0	0.7	0.7	1.5
31	企業買収または合併時に必要な知的財産活動	2.1	2.3	1.9	1.1	1.5	1.4	1.3	0.9	1.1	1.4	1.0	0.9	1.9	1.0	1.2	1.3
32	海外への事業展開に必要な知的財産活動	2.1	2.0	2.0	1.0	1.5	1.5	1.5	0.9	1.2	1.2	1.0	1.0	0.9	1.5	0.8	2.1
33	海外企業とのライセンス契約	2.3	2.1	2.2	1.1	1.5	1.7	1.4	1.0	1.1	1.4	0.8	0.9	1.2	2.3	0.8	2.1
34	模倣品対策	1.9	1.6	1.7	1.2	1.4	1.5	1.8	1.1	1.0	1.9	1.2	0.9	0.9	1.8	0.8	2.0
35	技術の標準化に関する知的財産活動	1.0	0.9	1.3	0.6	1.0	0.8	0.8	0.7	0.7	0.8	0.6	0.6	0.7	0.6	0.5	0.9
36	社員に対する知的財産教育	2.2	1.6	2.9	1.3	1.9	1.7	1.8	1.2	1.2	2.0	1.2	2.7	1.3	1.7	1.4	1.5
37	社員のモチベーションを高める活動	2.5	1.8	2.9	1.2	2.2	1.9	1.7	1.2	1.1	1.5	1.2	2.3	1.3	1.6	1.4	1.3
38	組織・社員の習熟と成長に貢献する知的財産活動	2.3	1.7	2.6	0.8	1.7	1.3	1.2	0.8	0.7	1.2	0.7	1.6	0.9	0.8	0.8	1.3
39	知的財産報告書（アニュアルレポートでの開示を含む）の作成	1.2	1.0	1.7	0.6	0.9	0.9	0.8	1.4	0.6	0.7	0.7	0.5	0.5	0.7	0.6	0.8
40	技術流失防止対策	1.7	1.7	2.1	1.5	1.8	1.6	1.4	1.3	1.1	1.3	1.3	2.2	1.4	1.5	1.2	1.5
41	会社業務の改善に貢献する知的財産活動	0.8	0.7	1.1	0.6	0.6	0.6	0.7	0.5	0.4	0.6	0.4	0.5	0.5	0.5	0.5	0.5

(b) 26社全体のアンケート結果に関する主成分分析

アンケート回収企業26社全体については、表Ⅱ-6「主成分分析の固有値

【表Ⅱ-6 主成分分析の固有値と成分係数】

	固有値	寄与率	累積寄与率
第1主成分	11.217034	0.7010646	0.70106463
第2主成分	1.8340813	0.1146301	0.81569471
第3主成分	1.0293209	0.0643326	0.88002727
第4主成分	0.4378324	0.0273645	0.90739179
第5主成分	0.3654524	0.0228408	0.93023257
第6主成分	0.3300627	0.0206289	0.95086148
第7主成分	0.2116623	0.0132289	0.96409038
第8主成分	0.1584706	0.0099044	0.97399479
第9主成分	0.1106394	0.006915	0.98090975
第10主成分	0.0941171	0.0058823	0.98679207
第11主成分	0.0621451	0.0038841	0.99067613
第12主成分	0.0494081	0.003088	0.99376414
第13主成分	0.0395416	0.0024714	0.99623549
第14主成分	0.0319851	0.0019991	0.99823456
第15主成分	0.0184815	0.0011551	0.99938965
第16主成分	0.0097655	0.0006103	1

部門	第1主成分	第2主成分
取締役会又は担当役員	0.246151	-0.36595
経営企画部門	0.251039	-0.27511
研究開発部門	0.224775	0.392877
調達部門	0.255311	0.084136
製造部門	0.240909	0.394688
技術サービス部門	0.268794	0.238384
マーケティング部門	0.25895	0.08157
広報部門	0.220759	-0.3855
品質保証部門	0.2744	0.208152
営業部門	0.250838	-0.04805
財務・経理部門	0.251966	-0.19798
人事部門	0.204943	0.007176
IT部門	0.273959	0.177526
法務部門	0.240705	-0.38038
総務部門	0.266295	0.000506
海外事業部門	0.258835	0.001207

【図Ⅱ-2 26社企業全体の変量プロット図】

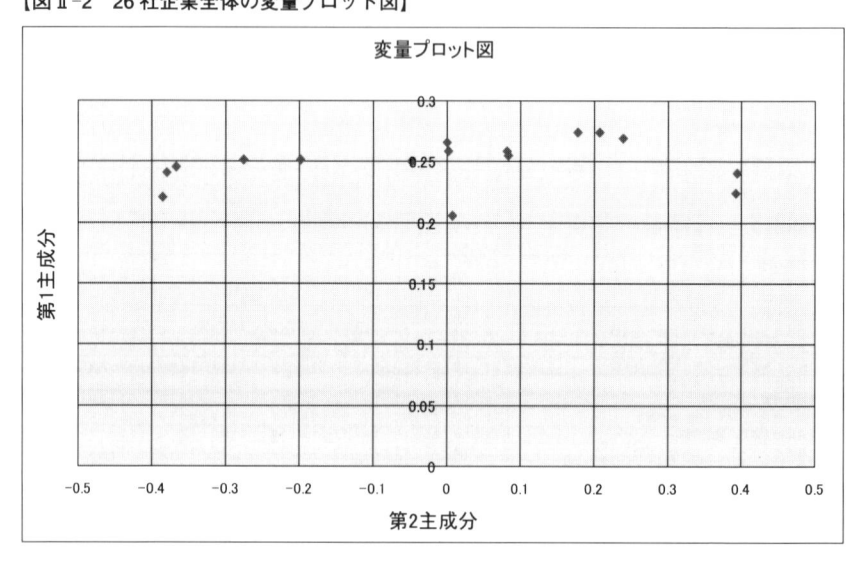

と成分係数」に示されているように、第一主成分の寄与率が約70%、第一、第二主成分の累積寄与率は約82%となり、読みとれる結果の確からしさを確認することができる。部門にかかる係数からは、第一主成分はすべての部門を均等に捉えた軸であり、第二主成分は研究開発部門、製造部門、技術サービス部門などの技術系の業務を所掌する部門から見た軸と言うことができる。この状況は、**図Ⅱ-2**「26社企業全体の変量プロット図」から把握することができる。

26社全体についての主成分分析の結果を、**表Ⅱ-7**「26社全体の連携度」に示した。

この表では、第1主成分を軸として、これらの41項目の仕事のうち他部門と連携度の高い仕事を高い順に並べてみよう。上から順に、目標設定、予算要求、組織の変更・見直し、社員のモチベーションを高める活動、自社権利に基づく権利行使をすべきか否かの検討、社員に対する知的財産教育、この辺の連携度が高いという結果が出ている。全社平均で見ると、こんな領域の仕事がどうも社内でよく連携をとられている。ここで連携が高いと評価される業務について考えてみると、目標設定、予算要求、組織の見直し、権利行使をすべきか否かの検討などの業務については、マネジメントのディジョンが必要な業務という見方ができる。それ以外では、社員のモチベーションを高める活動、知的財産教育、これらの業務は人事部門のディジョンが必要ということで、言い換えてみると、組織内で上部の組織から承認が必要な事項については企業内での連携度合いが高いということが言える。ただし、逆に、上部のディジョンを必要としないものについてはそれほど連携度が高くはないということが客観的データとして言える。あくまでも26社の平均値ではあるものの、本来、特定の業務遂行に関して他部門と連携を図っていく意義は、企業目標の達成に向けて企業内の異なる機能部門と当該行に関して十分な連携により協働していくことであり、上部のディジョン

【表Ⅱ-7　26社全体の連携度】

	第1主成分	第2主成分
知的財産部門の「目標設定」	7.59232477	-0.3702795
知的財産部門の予算要求	4.92333098	-1.2406565
組織の変更・見直し	4.29111102	-1.3377819
知的財産活動の一環として社員のモチベーションを高める活動	3.418151	0.53376127
自社権利に基づく権利行使をすべきか否かの検討	3.26045504	-0.9129109
社員に対する知的財産教育	3.19289659	0.75445003
技術流失防止対策	2.80737459	0.00141902
和解すべきか否かの検討	2.70519205	-2.27233
保有権利の活用評価・棚卸し	2.39447193	1.48851873
他企業と共同研究開発	2.36291712	0.21851131
海外企業との間でのライセンス契約	2.12497734	-1.0732159
裁判所に訴訟を提起する前に相手方への警告・交渉	1.90372318	-1.7986063
知的財産部門の出願戦略の策定	1.72047244	1.03953676
第三者の権利のライセンスイン	1.52812312	-0.6008913
発明提案を受けた後、出願すべきか否かの検討	1.48451669	2.21104726
第三者の権利について無効審判請求すべきか	1.47647074	1.28906538
第三者に対する自社権利のライセンスアウト	1.44275941	-1.0814371
競合他社の出願・権利情報の調査活用	1.19986015	1.4380345
出願に先立つ先行技術の調査活用	1.1484543	2.22408976
拒絶査定不服審判請求すべきか否かの検討	0.85560498	2.26657812
模倣品対策	0.73553748	-1.4140827
企業買収又は合併時に必要な知的財産活動	0.40145528	-1.6837052
拒絶理由通知などの審査経過時の対応の検討	0.07719542	2.29353541
海外への事業展開に必要な知的財産活動	-0.0874484	-0.9304669
裁判所に侵害訴訟を提起	-0.2002501	-2.3632123
出願前に、出願明細書の最終チェック	-0.2636073	2.18659355
社内からの技術シーズ発掘活動	-0.3848084	1.2960515
侵害訴訟で訴えられた場合の対応	-0.5623619	-1.3155056
パテントマップ作成作業業務	-0.9457971	1.30279191
知的財産部門から他部門への提案業務	-1.0672191	0.38709472
第三者とのクロスライセンス	-1.2968544	-0.9070621
自社製品群ごとのパテントパートフォリオ作成・評価	-1.4872506	0.94685
新規事業立ち上げに必要な知的財産活動	-2.9271991	-0.6041513
審決取消控訴すべきか否かの検討	-3.2189234	0.20667433
顧客満足度向上に貢献する知的財産活動	-4.796585	-0.2853519
顧客企業の出願・権利情報の調査活用	-5.1921189	0.29559979
技術の標準化に関する知的財産活動	-5.4446078	-0.4353719
原料メーカーなど取引先企業の出願・権利情報の調査活用	-5.6001504	0.84907291
知的財産報告書(マニュアルレポートで知的財産情報を開示する場合を含む)の作成	-5.6442358	-2.2898642
会社業務の改善に貢献する	-6.9611561	-0.1602464
組織・社員の習熟と成長に貢献する知的財産活動	-6.966802	-0.1521462

を受けるための活動は、他部門との本来的連携とは言いがたいものであり、

この結果からすると、知的財産部門は他部門との連携にあまり積極的には取り組んでいないということになる。その次に上位に位置する業務としては、技術流出防止対策、和解すべきか否かの検討、保有権利の活用評価・棚卸し、共同開発、ライセンス契約などであり、これらの業務は、昨今の知的財産強化の動きの中で今後の課題として社会的議論の高い業務であり、このような業務については、企業内での連携が高いと評価することができる。さて、その次に位置する業務は、出願戦略の策定、出願すべきか否か、他社の権利情報、先行技術調査、拒絶査定不服審判請求すべきか否などの業務であるが、これらは正に知的財産の専門分野の業務であり、主成分分析の得点からすると、専門的事項については余り連携をしているとは言えない。さらに、模倣品対策、企業買収又は合併時に必要な知的財産活動、海外への事業展開に必要な知的財産活動、侵害訴訟を提起する一連の知的財産活動、パテントマップ作成業務などは、知的財産部門の自主的積極的な活動で行っていく業務であるが、これらの業務は得点がゼロ・プラス・マイナスといった領域になっており、受け身ではなく積極的対策が必要になる業務については、どうも他部門との連携度がそれほど高くないという結果が出ている。知的財産戦略を積極的に推進していくべき時代においては残念な結果であり、今後の改革が期待される。得点が最下位に位置する業務としては、パテントポートフォリオの作成、これは、自社他社のポートフォリオの比較の中でどういう戦略をつくるかという戦略の本質的な重要部分、あるいはクロスライセンス、顧客の出願権利情報の調査活用、部品・原料などの取引先の企業の出願権利情報の調査活用など、かなり戦略策定に重要な業務であるにもかかわらず、残念ながら、現状では他部門と連携が行われていないという結果が出ている。

(c) ベスト10企業の連携度

アンケート回収企業のうち、他部門との連携度が高い企業10社（これを

「ベスト10企業」という）を抽出し、連携度に関する優良企業の特性がどうなっているかを、上述の26社に関するものと同様の主成分分析を施した結果が、**表Ⅱ-8**「ベスト10企業の連携度」である。この連携状況が、今回の調査結果から得られるベストイグザンプルとなる。26社平均のデータと比べてみると、連携度の高い業務の順位が大きく変わってきているのがわかる。連携の高い業務として、最初にあげられるは知的財産部門の目標設定で、これは26社平均と同じ結果になっている。その次から大きな違いが出てきており、2番目に企業買収又は合併時に必要な知的財産活動。昨今の企業買収等の動きは実に激しくなってきており、これだけいろんな企業の間でのやりとりが多くなっている中では、相手の持っている知的財産がどの程度の価値を有するものかという点は、買収条件にも影響してくる重要な経営判断材料である。また、取得した知的財産の価値は、買収後のビジネスの展開にも大きく影響してくるもので、かなり重要視し、他部門との十分な連携を行っていると言える。すなわち、ベスト10企業では、企業買収・合併等の際、関係他部門と連携し、知的財産部門から相手方企業の保有する知的財産の価値評価を行い、トップの意思決定における重要な役割を担っていることが推察される。次に連携が強い業務としてあげられているのが技術流出防止対策である。26社平均ではかなり連携が低い位置にあったが、ベスト10企業は、他部門との連携に力を入れている。特に、経済のグローバル化の進展に伴って海外に技術移転または市場進出する際に、移転した技術が容易に第三者に流出し、模倣品などが市場を荒らしてしまう問題が顕在化している。いかにして技術流出を防ぐかという課題については、単に知的財産部門だけの問題ではなく、社員の労務事項を所管する人事部、日常の秘密情報を現場レベルでの管理を所管する開発部門や製造部門、万一流出した場合のリスクヘッジを法的に整備しておく法務部門など、関係する部門が十分な対策を講じていかなければならず、これに対してベスト10企業が取り組む様子がうかがえる。組織の見直し、海外企業との間でのライセンス契約、社員のモチ

ベーションの向上、自社権利のライセンスアウト、共同開発、知的財産部門の予算要求、社員への知的財産教育、他社権利のライセンスインなどが、連携度の高い業務として位置づけられている。一般的に、現在のように高い技術水準を獲得した日本企業は、欧米企業と比べ、社外からのライセンスインの比率が低い。日本の技術者のプライド、企業内での就業文化、自社技術優遇主義、他社技術排斥主義などにより、ライセンスインは容易ではないようだが、この調査で選定されたベスト10企業は、ライセンスインによる自社技術力の向上という点についても、知的財産部門が盛んに他部門と連携をしながら第三者の保有する技術の知的財産権の調査などを行っているためと考えられる。知的財産部門の役割は、海外への事業展開などグローバル化への対応に関連して大きくなってきている。以上に記述した業務は、ビジネス上のインパクトが大きく、それゆえ、単に知的財産部門のみで遂行できる業務ではなく、必然として連携度が高くなっているわけである。

　ビジネス上のインパクトの大きい業務の次にランクされるのが、保有特許の権利の棚卸し、新規事業立ち上げに必要な知的財産活動、模倣品対策、裁判所に訴訟を提起するか否かなどの業務である。これらの業務に共通して言えることは、知的財産部門が中心になってアクションを起こしていかなければ何も進まないという業務であることである。保有特許の権利の棚卸しは、取得したものの実施もされずライセンスもされないいわゆる休眠特許の問題に対して、真に価値ある特許に重点を絞り、不要な特許にかかる種々の経費を削減し新たな権利取得に予算をまわし質の高い知的財産管理を推進していく上での大きな課題である。多くの企業が抱えている問題である。しかしながら、自ら保有する権利について、その権利範囲まで突っ込んだ評価を行っていくということは、これに必要な専門能力を有する知的財産部門が口火を切ってアクションを起こしていかない限り、何の進展も起こらない業務である。新規事業立ち上げに知的財産の観点から競争力を付加すること、侵害品に対する法的措置をとることも同様に知的財産の専門能力を前提としてお

り、受身的な仕事の仕方にとどまらず、自発的積極的な取り組みが必要にな

【表Ⅱ-8 ベスト10企業の連携】

	第1主成分	第2主成分
知的財産部門の「目標設定」	6.336395	1.312790
技術流失防止対策	4.925593	2.368138
企業買収又は合併時に必要な知的財産活動	3.998492	-1.974553
海外への事業展開に必要な知的財産活動	3.125887	-1.445096
組織の変更・見直し	2.685160	-0.749662
海外企業との間でのライセンス契約	2.573034	-1.502842
知的財産活動の一環として社員のモチベーションを高める活動	2.159384	1.215044
第三者に対する自社権利のライセンスアウト	2.135061	-1.147141
和解すべきか否かの検討	2.025898	-2.342423
他企業と共同研究開発	1.917986	0.242458
第三者の権利のライセンスイン	1.452224	-1.452938
社員に対する知的財産教育	1.424130	1.663280
新規事業立ち上げに必要な知的財産活動	1.364239	-1.117475
模倣品対策	1.321216	-1.464908
裁判所に訴訟を提起する前に相手方への警告・交渉	1.065581	-1.701116
第三者とのクロスライセンス	0.762843	-1.778904
知的財産部門から他部門への提案業務	0.733550	1.057887
自社権利に基づく権利行使をすべきか否かの検討	0.675432	-0.778491
知的財産部門の予算要求	0.635761	-2.127758
保有権利の活用評価・棚卸し	0.597719	2.140579
知的財産部門の出願戦略の策定	0.458131	1.160392
侵害訴訟で訴えられた場合の対応	0.258570	-2.318257
社内からの技術シーズ発掘活動	0.191562	1.634928
自社製品群ごとのパテントポートフォリオ作成・評価	-0.235513	1.660088
第三者の権利について無効審判請求すべきか	-0.428891	1.229437
競合他社の出願・権利情報の調査活用	-0.918366	1.879426
出願に先立つ先行技術の調査活用	-1.057128	3.459928
顧客満足度向上に貢献する知的財産活動	-1.232555	0.251778
発明提案を受けた後、出願すべきか否かの検討	-1.296201	2.226378
裁判所に侵害訴訟を提起	-1.465376	-2.307236
技術の標準化に関する知的財産活動	-1.829662	-0.949755
パテントマップ作成作業業務	-1.952602	1.635159
拒絶査定不服審判請求すべきか否かの検討	-2.220261	2.367140
判決取消控訴すべきか否かの検討	-2.567820	-0.420952
拒絶理由通知などの審査経過時の対応の検討	-2.764738	1.962699
出願前に、出願明細書の最終チェック	-3.032948	1.815878
原料メーカーなど取引先企業の出願・権利情報の調査活用	-3.045925	1.198792
組織・社員の習熟と成長に貢献する知的財産活動	-3.968044	-0.973866
顧客企業の出願・権利情報の調査活用	-4.318555	-0.594024
会社業務の改善に貢献する	-5.141744	-1.270651
知的財産報告書(マニュアルレポートで知的財産情報を開示する場合を含む)の作成	-5.347517	-4.064151

る業務であり、ベスト10企業がこれらの業務に他部門と積極的に連携しながら活動していることが推察される。次の連携度に位置するのは、知的財産の専門的領域の業務の中でも日常のルーチン的な業務があげられており、これらの業務に関しては、他部門との連携度が低いという結果になっている。たとえば、出願するか否かの判断に関する業務であるが、ベスト10企業は、あまり他部門との連携なくして、すなわち知的財産部門の専権事項として行っている様子がわかる。この点に関しては、いささか問題がある。知的財産部門は、現状の上市製品の将来へ向けた製品戦略とか、新製品の将来の市場の読みなど、ビジネスの方向性についての重要事項とは別に、先行技術との関係で権利化できるか否かという知的財産部門の専門事項の範囲内で出願するか否かの判断をしてはいないだろうか。この点、欧米では一件の出願をするか否か、どのような権利範囲を狙って出願すべきか、このような事項についても関係他部門を巻き込んで十分な検討をしたうえで判断しているビジネスビヘイビアに気づくことが多い。現実に出願されてくる特許出願を見ても、数を多く出願してきた日本企業の出願戦略と欧米の出願戦略には大きな違いがあるように考えられる。今後は、単に知的財産部門内で出願の適否を判断するのではなく、新商品企画部門、マーケティング部門などとの連携を強化していくことが必要になる。連携がまったく見られない業務としては、原料メーカーなど取引先企業の出願・権利情報の調査活用、技術の標準化に関する知的財産活動、知的財産報告書の作成などであるが、今後の課題として挙げられる。

　このベスト10企業の連携度の高い業務がどのようなものか、以上の調査結果から読み取れるが、これを一つのベンチマーキングとして活用することが期待される。自社が抱える知的財産部門が企業目標の実現に向けてどれほどの関与をしているか、企業内のビジネスラインである直接部門への支援と関与は適切であるか、知的財産活動を関係他部門との十分な連携のもと効果的に推進しているかなど、これらの課題は知的財産部門の専門業務を評価し

ているだけではなかなか浮き彫りにすることはできない。各社における知的財産部門と他部門との連携度を、このアンケート調査手法に従って評価し、ベスト10企業で重視しているが当社では欠けている点は何か、ベストイグザンプルとの相対的評価によって自社の知的財産部門の位置づけを評価してみると、解決すべき課題または取り組みの方向性が出てくる。この手法により各社における連携度評価を行い、知的財産部門が他部門と連携を強化して取り組むべき業務を洗い出し、更なる連携強化により、企業目標の実現に向けてインテグレートされた知的財産部門の活動を構築していく取り組みを期待する。

II-2 知的財産部門と他部門の連携主題について

第II章では、知的財産部門と他部門との連携の現状を明らかにするとともに、ベスト10企業において他部門と連携している知的財産部門の業務を抽出してきた。すなわち、知的財産活動の業務ごとの連携度を見ることができた。本章では、業務ごとの連携の主題事項についてアンケート結果から読み込んでいくことにする。実は、この連携主題を議論するところに知的財産戦略のヒントを見出すことができる。2002年政府に知的財産戦略本部が設立されて以来、知的財産分野においても「戦略」という表現が良く使われるようになった。知的財産活動を所管する知的財産部門も、知的財産戦略を立案し企業経営に貢献することが求められている。

さて、ここで、そもそも「戦略」とは何かということについて少し触れてみる。

「戦略」とは、特定の目標・目的を達成するために描かれた総合的かつ長期的なプランのことであり、戦術の上位概念として位置づけられる。ちなみに、「戦術」とは、困難、障害物に挑戦し克服していくために必要な計画または行

動である。世界で最初に「戦略の概念」を構築したのは、約2500年前の中国・春秋戦国時代の軍師、孫武が著した「孫子」と考えられている。戦略という表現は出てこないが、国家戦略から戦術論などの思考法を示しており、今日においても孫子は極めてすぐれた戦略教書と考えられている。戦争に代表される闘争行為／競争行為を目的−戦略−戦術と階層化・体系化して、各レベルにおける最適解を求めるアプローチ及びそれに伴う組織論は、カール・フォン・クラウゼヴィッツが、その著書『戦争論』において確立したものであり、いわゆる戦略論が展開されるときは、この基本スキーム下にあると言っても過言ではない。それ以降、軍事戦略、経営戦略、マーケティング戦略、経済戦略、防災戦略など、戦略という言葉はさまざまな分野で使われている。

企業経営において知的財産戦略を考える上では、知的財産部門が企業内の一つの機能組織を形成している以上、経営目標の達成のために構築された機能であることは間違いないことである。それゆえ、企業の知的財産部門で用いられる知的財産戦略は経営戦略の具体的な知的財産部門の掲げる戦略であり、国家、政府において用いられる知的財産戦略とは若干異なることに注意しなければならない。すなわち、企業経営において展開される知的財産戦略とは、経営の究極的課題である「企業の成長」のためのものであり、知的財産戦略の掲げる「特定の目標・目的」は、企業の成長に繋がるものでなければ意味のないことになる。ところで、もともと軍事用語であった「戦略」が企業経営に応用されるようになり、経営学の文献に「戦略」という言葉が本格的に論じられるようになったのは1960年代からである。今日では、「経営戦略」は、経営学の中心的な概念である。この「経営戦略」は、「持続的競争優位を達成するためのポジショニングを構築すること」(Cornelis A. De Kluyver and John A. Pearce)、「企業が考えた競争に成功するためのセオリー」(Jay B. Barney)、「企業を取り巻く環境との関わりについて、企業を成功に導くために何をどのように行うかを示したもので、企業に関与する人たちの指針となり得るもの」(淺羽茂)など様々に定義されるが、企業においては、三つの階層に分けて考えることが

出来る。一つは、企業全体としてどのような方向性で経営していくのかを示した「全社戦略」、実際にビジネスを展開していく事業部単位で優位性を構築するための行動指針を示す「事業戦略」、そして、購買、生産、マーケティング、財務、人事など企業内の機能部門ごとに全社戦略を支援する「機能別戦略」である。これらの戦略は視点やアプローチの仕方はそれぞれ異なるものの、相互に連携したものであり整合性がとれた一貫性のあるものでなければならない。「知的財産戦略」は、知的財産活動という機能別戦略に位置づけられ、「事業戦略」および「機能別戦略」と十分連携した戦略として構築されなければならない。昨今、「研究開発部門」「事業部門」「知的財産部門」の三位一体論が議論され始めたところであるが、機能別戦略としては、研究開発部門以外にも、購買、製造、品質保証、マーケティング、営業、財務、人事、法務、総務、ＩＴ、広報、環境、海外事業など、企業形態に応じて多くの機能別戦略が存在するため、それぞれの戦略の連携および整合性という点では、三位一体では、まだまだ不十分といわざるを得ない。知的財産戦略の主題ごとに必要な機能部門の戦略との連携を図っていくことが必要である。

この章では、以下に、それぞれの知的財産活動について、企業内機能部門とどのような連携が必要かについて、アンケート結果からベスト10企業についてまとめた表（表Ⅱ-9から**表Ⅱ-24**）をもとに議論を進めていく。各表の中で、「他部門との連携度」は、主成分分析の結果、当該業務に関して連携が高い部門を表示している。また、「連携主題」は、アンケートによって聴取した連携の主題事項を記載した。「知的財産戦略の視点」は、連携度および連携主題から重要となる知的財産戦略の視点をまとめたものである。

（a）　知的財産部門の目標設定

知的財産部門の目標設定は、ベスト10企業の連携の高い活動の第1位にランキングされていたが、知的財産部門の目標が企業目標に貢献するために

は、他の機能部門の戦略と十分なすり合わせをしておくことが必要であり、この意味では、当然のことと言える。企業ごとに知的財産部門の目標設定は異なり伝統的専門的な業務が中心となる出願から権利化までの活動を目標としている企業もあれば、これらの業務に加え、新製品開発のための各種知的財産活動を展開することに重点を置いた目標など、企業の知的財産マネジメントの成熟度等によりまちまちである。ベスト10企業では、知的財産部門の目標設定に当たり最も連携の強い部門として研究開発部門が上げられている。これは、知的財産部門が日常的にも研究開発部門と密な連絡を取り合っていること、また、知的財産部門の果たす役割が研究開発部門での知的財産の創造活動への支援を重視していることの表れと見ることができる。知的財産の創造は多くは研究開発部門で行われるわけで、知的財産保護の中心的存在である知的財産部門にとっては、研究開発部門がクライアントであり、部

【表Ⅱ-9　知的財産部門の「目標設定」に関する連携部門と連携主題】

他部門との連携度

	第1主成分	第2主成分
研究開発部門	3.906489224	-0.04861365
取締役会又は担当役員	3.065740761	0.562028801
マーケティング部門	2.350924894	0.384757765
法務部門	2.204611692	0.875311256
経営企画部門	1.622436179	-1.191951565
海外事業部門	1.580596142	0.194433662
技術サービス部門	0.821379007	-0.598475497
製造部門	0.116642215	-2.215009872
広報部門	-0.404292565	0.22022734
IT部門	-1.338616118	3.574713884
調達部門	-1.902598313	-0.421139626
営業部門	-1.955334041	-1.225168159
品質保証部門	-2.178982742	-0.464036747
財務・経理部門	-2.360794167	-0.77834132
総務部門	-2.6410356	0.422326438
人事部門	-2.887166567	0.708937288

知的財産戦略の視点
① 研究開発部門と一体になるよう日頃からの連携が必要。
② 知的財産部門の果たすべき役割を会社トップの方針に連動させること。
③ 同時に、市場に対して敏感であるようマーケティングとの連携を図ること。

（連携主題）
■ 研究開発戦略の方向性を共有・連携
■ 研究開発部門からの発明提案数の予測、出願依頼予測
■ 研究開発部門の発明提案目標の合意
■ 研究開発戦略と知的財産戦略の摺り合わせ
■ 研究開発戦略を踏まえた戦略的特許取得
■ 知的財産権の保護・活用を経営に活かす
■ 知的財産戦略の重点分野の特定
■ マーケティング部門と連携した競合他社のウォッチング
■ 製品の市場地位、ライフサイクルを踏まえた知的財産戦略の見直し
■ 販売目標と達成のための模倣品対策
■ 模倣対策キャンペーン展開のための広報部門との連携
■ 知的財産管理システムの改善・導入の企画立案
■ 発明キャンペーン等の開催の企画・調整
■ ライセンス管理のための法務部門との調整

門目標もこのクライアントのために立案されていると言うこともできる。次に連携の高い部門として上げられたのが取締役会又は担当役員であるが、これはある意味当然のことであり、部門目標の承認を得るための連携と解することができる。それからマーケティング部門、法務部門、経営企画部門、海外事業部門となっており、知的財産部門が研究開発部門を越えてマーケティング部門とも連携を積極的にとっている様子がわかる。すなわち、将来の市場ニーズを踏まえた知的財産部門の目標の策定に取り組んでいると考えられる。また、経営企画部門や海外事業部門との連携も重視しており、グローバル化していく企業活動の重大事項についても知的財産部門の目標が関与していると言える。

(b) 企業買収・合併時に必要な知的財産活動

近年活発に展開されている企業買収・合併、これらの活動にも知的財産が大きく関与してくる。相手先の保有する知的財産の強み・弱みは、買収・合併についても重要な判断材料になる。ブランド価値、特許価値など、企業買収価格への影響も大きい。加えて、知的財産の保有状況、実施権の設定状況などは、買収・合併後のビジネス展開の自由度にも大きな影響を与える。これらの判断材料をタイムリーに企業トップに提供することが必要である。買収・合併は、企業にとっては一大事、経営トップの意思決定が必要な事項であり、知的財産部門も取締役会または担当役員との連携がトップに位置している。買収・合併などは株式市場への影響も大きく、また情報の扱いに当たっては厳格な対応が求められる分野であり、ノウハウ等秘密保持などに関連して情報管制という点でも知的財産部門が絡んでくることもあるだろう。次にランキングされるのは経営企画部門。これは、買収・合併後の将来のビジネスをどのように構築し発展させていくのかに関係しており、買収・合併後に保有する知的財産の強み・弱みを新しく構築されたビジネス主体によってどのように活用していくべきかの戦略を、経営企画部門に提供していかな

ければならないということだろう。次に法務部門。これは、買収・合併となれば、関連法規に基づき慎重なリーガルチェックが必要になり、これに伴い、知的財産部門と法務部門との連携も緊密になっていく。

【表Ⅱ-10 企業買収・合併時に必要な知的財産活動に関する連携部門と連携主題】

他部門との連携度	第1主成分	第2主成分
取締役会又は担当役員	3.5951839762	-0.5017988774
経営企画部門	3.5951839762	-0.5017988774
法務部門	2.7933691411	0.3305441102
研究開発部門	1.7095870339	2.0078223630
製造部門	1.0773328903	0.3776261303
広報部門	0.0850990120	1.4512724620
財務・経理部門	0.0474466753	-1.8089024471
マーケティング部門	-0.0216267455	-1.8534509174
営業部門	-0.3681775981	0.0858209271
海外事業部門	-0.6287472284	2.3065348906
技術サービス部門	-0.8200006194	-2.1360426497
調達部門	-1.9207333761	-0.2933185135
総務部門	-2.0928851479	-0.7797884904
人事部門	-2.1088262919	-1.1752203612
品質保証部門	-2.4128521080	1.0648040236
IT部門	-2.5293535897	1.4258962275

(連携主題)
- 双方の知財ポジションの検討
- 相手の保有する知的財産権の調査・評価
- 相手先の特許の評価(事業的、技術的)
- 相手が第三者とすでに締結している契約書のチェック
- 知財資産の整理
- 買収・合併企業の保有特許の価値評価および技術的検討
- 保有する知的財産権の棚卸し、価値評価
- M&Aの条件と特許との関係

知的財産戦略の視点
① 経営判断の重要な要因である。
② 企業買収価格に無視できない知的財産評価を戦略的に利用する。
③ 買収・合併後の知財ポジションを市場で発揮させる。

(c) 技術流出防止対策

我が国の開発してきた進んだ技術が海外に大量に流出しつつある。こんな指摘が国全体でなされ技術流出防止対策が重要視されている。しかしながら、この問題は、今始まったものではなく、海外工場の設立、海外市場進出などに伴い、これまでも多くの問題を引き起こしてきた点であり、企業も慎重な対策を講じているところである。問題となる技術流出の最大の対象物を抱えるのは常に最先端または次世代の技術開発に当たっている研究開発部門であろう。知的財産部門に対して発明提案をしてくるのも大半が研究開発部門であり、いまだ公開されていない技術を多く保有している。技術流出防止

対策として一番に考えなければならないのが研究開発部門であり、これが故、知的財産部門が技術流出という課題に取り組む際にまず十分な連携をしなければならない部門ということになる。そして、具体的対策を法律的に規定して関係者の行動を監視するのが法務部門であり、技術流出防止対策の方針を法律面から支援する部門との連携が次にランクされている。3番目に連携の強い部門として製造部門が出てきている。これは生産技術の流出防止に議論をおいたものである。特にアジア諸国での生産活動に必ず付きまとってくるのが、不正流出した技術情報を利用した不正商品である。我が国においては、生産現場での従事者の人材流出は比較的少ないといわれるが、海外では、数年の短期間に多くの人材流出があり、生産技術を身につけた人材の移動に伴う技術流出または人材流出時に意図的に不正取得され流出する技術、どのように対策を講じれば効果的であるか、知的財産部門および法務部門が製造部門と密に連携しながら対策を講じていく必要がある。次にランクされ

【表Ⅱ-11　技術流出防止対策に関する連携部門と連携主題】

他部門との連携度

	第1成分	第2成分
研究開発部門	2.0509069632	-1.3639464332
法務部門	1.4012123825	0.0310389653
製造部門	1.0885952983	1.0514255465
マーケティング部門	1.0794610030	2.1245499667
営業部門	0.8310718641	1.5809542823
IT部門	0.7698869370	-0.2296694032
技術サービス部門	0.6372950008	1.8680402769
調達部門	0.5077460828	0.5911440060
取締役会又は担当役員	0.2580104435	-0.9968412165
品質保証部門	0.1752860062	0.6744581498
経営企画部門	0.1478231436	-0.0151255256
人事部門	0.1212283476	-1.9656645573
海外事業部門	0.0149860018	-1.4453424867
総務部門	-0.4561572880	-1.5658001936
広報部門	-0.9906216700	0.6008166892
財務・経理部門	-1.4352201779	-1.4566994506

（連携主題）

■ 関連情報の入手
■ ノウハウのブラック・ボックス化の仕組みや内容、手続きについての検討
■ 法務部門による社内規程の交付と連携
■ 退職者と秘密保持契約を締結
■ 社内規則の策定と運用
■ 社内規則改定の協力依頼
■ 情報管理体制への整備、ISMSの取得
■ e-learning等による社員教育
■ 全社での情報の大切さの意識の向上
■ IT技術を活用した流失防止対策の検討

知的財産戦略の視点
① 研究開発部門の秘密情報を管理する仕組みを整備する。
② 秘密保持制度の整備
③ 生産技術の流出を如何に防止するか、出願かノウハウかの徹底管理、生産ライン従事者への教育

ているマーケティング部門、営業部門では顧客に対する非公開情報の取り扱いまたは顧客情報の第三者への流出防止といった点が課題になっている。

(d) 知的財産部門の組織の変更・見直し

　現行の企業では、知的財産部門の組織も多種多様である。大手企業でも数百人のスタッフを抱える知的財産部門から数十人のスタッフで動かしている知的財産部門まで様々であり、中堅・中小企業でも数十人から一人も担当者のいないケースまで様々である。知的財産部門ほど組織規模が読めない部門はないであろう。これは、ひとえに、取り込んでいる業務の種類、規模、外注規模などの知的財産部門の役割の多少によると考えられる。時代の要請および企業が直面するたとえば訴訟、侵害品などの状況に応じて知的財産部門の組織のあり方を探っていくことが必要である。組織の変更・見直しについては、新組織に関する承認を得るため取締役または担当役員との連携が必要になる。加えて、社員の採用、配置などを所管する人事部門とも、新組織体制の合理的説明をすることや外部から専門家を採用する、顧問契約による社外能力の活用の確立など、緊密な連携が必要になる。次に連携の高い部門が研究開発部門。この意味するところは、知的財産部門の活動は知的財産の創造がなされる研究開発部門に対してどれだけの貢献ができるかということが重要視されている現われである。すなわち、知的財産部門の組織体制を構築する上では、研究開発部門と十分な連携をはかりそこからのニーズに対応できる体制を作ることが必要である。現に、企業によっては、研究開発部門内に知的財産部門を位置づけているところもある。この点については、果たすべき役割をどのように整理するかによって位置付けの良し悪しは変わってくるであろう。組織体制のあり方については、知的財産部門方の機能部門による機能戦略と有機的な連携により企業の全体戦略に関与して知的財産部門が企業目標の達成に果たす役割の向上を目指すならば、知的財産部門は、全社の機能部門を横串で刺したような組織形態であっても良いかもしれない。あ

るいは、新規プロジェクトや主力製品事業部などへの柔軟な配置体制を可能とする組織形態が望まれるかもしれない。社長直轄とするか、事業部門所属とするか、研究開発部門所属とするか、または法務部門との合同組織とするかなど、その位置づけは、知的財産部門による活動と役割によって定義付けされるだろう。

【表Ⅱ-12　組織の変更・見直しに関する連携部門と連携主題】

他部門との連携度

	第1主成分	第2主成分
取締役会又は担当役員	4.011374255	-0.303407578
人事部門	3.860985009	3.112536506
研究開発部門	3.16166147	-1.477891347
経営企画部門	1.621186916	-0.293509547
法務部門	1.573313458	-2.624505217
海外事業部門	0.115696848	-1.053765583
総務部門	-0.376540685	1.185388696
技術サービス部門	-0.418866058	1.202412199
財務・経理部門	-0.696270544	1.1825214
IT部門	-0.808951726	-0.750732633
マーケティング部門	-1.121694393	-0.186590218
製造部門	-1.208708886	0.097382597
広報部門	-1.453748969	-0.455854733
品質保証部門	-2.550371441	0.118594936
営業部門	-2.647656151	0.171142167
調達部門	-3.061409102	0.076278353

（連携主題）

- 経営目標・経営戦略を共有し、その実現に向けた知的財産部門の体制整備を提案
- 会社の方向性との整合性を図るため経営層との連携、人材配置のための人事部門との連携
- 組織変更の必要性の合理的理由の把握や説明
- 知的財産戦略の立案とその実現に向けた体制整備
- 業務範囲の見直しを行なった上での人材確保
- 人員予算確保
- 人員増加についての承認とそれに伴う付帯設備費用等の整備
- 研究開発戦略を支援する知的財産部門の人材確保、配置
- 新規事業プロジェクト、主力製品チームへの知的財産スタッフの配置により知的財産戦略と事業戦略を融合

知的財産戦略の視点
① 経営目標・経営戦略の実現に貢献できる具体的な知的財産活動を模索する。
② 全社組織を串刺しにした知的財産活動の体制整備
③ 研究開発部門に密着した知的財産活動の体制整備

(e) 海外企業とのライセンス契約

　グローバル化の一面として国境を越えた技術移転が重要な役割を果たす時代になってきている。ライセンス契約には得られるベネフィットも多いが思わぬリスクを背負うことにも繋がる。国境を越えたライセンス契約は準拠法の問題、国内では想定しなかった事態への対応など難しさを伴うが、我が国企業の国際競争力強化のためには避けて通れない課題の一つであろう。海外企業とのライセンス契約で連携先として第一位にランクされたのが研究開発

部門である。この意味するところは、自社の不足している技術を導入することによって、また、反対に自社技術を適切に海外移転することによって、研究開発部門の国際競争力の向上および開発成果に基づく海外市場の拡大を図ろうとすることを目的とし、海外の企業とのライセンス契約を推進していくということであり、この方向性に沿った知的財産活動が求められているということである。このようなライセンス契約は国内外の将来の事業体制を決めるのに大きな影響が出てくるため、事業戦略上の意義というのが、第二位にランクされた取締役会または担当役員との連携という形で現れている。次にランクされているのが海外事業部門である。海外進出に伴う知的財産のライセンス契約には、適切なパートナーの評価、海外での模倣品対策など、海外市場または企業活動における社会的・文化的背景、制度、あるいは知的財産の保護状態など、様々な点を考慮しなければいけないという意味で、綿密な知的財産戦略が必要になってくる。ベスト10企業においては、これらの対

【表Ⅱ-13　海外企業とのライセンス契約に関する連携部門と連携主題】

他部門との連携度

	第1主成分	第2主成分
研究開発部門	3.0506421956	0.2901565522
取締役会又は担当役員	2.9250490298	-0.4983830649
海外事業部門	2.8977452987	1.0899815543
法務部門	2.6465176054	-0.6720908156
経営企画部門	1.5988604665	0.4736344531
製造部門	1.1434554894	2.8871079369
営業部門	0.1986022311	-1.5281661931
財務・経理部門	0.0642537685	-0.8163079599
マーケティング部門	-0.0641736767	-1.0828570136
技術サービス部門	-0.6079946856	-2.2621960071
広報部門	-0.7838599497	0.1598100503
調達部門	-1.9009437819	-0.4249761039
IT部門	-2.4925827578	0.7458643673
総務部門	-2.7031481561	-0.0203538955
品質保証部門	-2.7404415137	1.0741698563
人事部門	-3.2319815635	0.5846062833

知的財産戦略の視点
① 研究開発部門が国際競争力を向上するための知的財産活動
② ライセンス契約の事業戦略上の意義
③ 海外での社会文化的背景を踏まえた知的財産管理が必要

（連携主題）
■ 相手方の権利保有状況、権利の価値判断
■ ライセンスの必要性と技術内容の検討
■ 事業戦略、特許戦略上の意味の確認
■ ライセンス条件と事業との関係の把握
■ 知的財産の取扱いに関する諸条件の吟味
■ ライセンス条件の検討と同意
■ 知財面での評価と契約書のチェック
■ 契約条件の検討、交渉の役割分担
■ 許諾対象商品の販売数量の確認等を事業企画に依頼
■ 租税条約に基づく手続き等の支援
■ 海外事業部門との綿密な連携

応に当たり、海外事業部門および法務部門との連携のもとで知的財産活動が展開されているといえる。

(f) 社員のモチベーションを高める活動

　知的財産の創造がなければ保護もなし、まして活用領域には到達するわけもない。スタートは、知的財産を創造する人材のモチベーション向上である。自らの活動の成果が適正に評価され、また日ごろの活動を通して自らの成長を実感するところに、人材のモチベーションが図られる。知的財産の創造のためには、特に研究開発部門の人材の活性化が必要になる。創造の成果物である発明が新規かつ進歩性にあふれ市場を席巻できるような価値の高いレベルで求められる以上、開発者のモチベーションを高めるために、関連部門が連携しながらそのために必要な環境整備をしていくことが大切である。今日のように人材流出が一般化しつつある現状では、モチベーションの高い人材を放出しないよう、また、外部から高いモチベーションを有する人材を獲得していくこと、モチベーションの連鎖反応を増長する体制と仕組みづくりが重要になる。ターゲットが開発人材であるため研究開発部門との連携が第一位に上げられている。知的財産部門としては、職務発明規定の適正な運用、時代にあった規定への変更、発明表彰、発明キャンペーンの開催などのインセンティブの与え方も重要な業務になる。また、開発人材が、自らの開発成果を法律で適切に保護する知的財産制度についての理解を深めることもモチベーション向上には役立つ。そのための研修教育体制の整備も必要となる。第二位に位置するのは、取締役会または担当役員。知的財産活動は、開発指向型の企業の社風を醸成する。企業風土は経営トップの最大の課題であり、どのようなメッセージを社員に発信するかは企業活動の推進および社会から受ける評価に大きく影響する。知的財産部門も社風に影響するような知的財産活動について経営トップと連携していくことが必要であることの現われである。次には人事部門との連携が上げられているが、モチベーション向

上の具体的施策は、人事関連の社内規定とのつながりが強い。また、知的財産教育のあり方についても全社の人材育成の施策との調整が必要になる。知的財産部門が人事部門と協働して全社員が共有できる体制づくりをしていかなければならない。さらには、製造部門、技術サービス部門との連携が上げられているが、これらの技術関連部門の人材育成も知的財産活動との関連が強いことを示している。

【表Ⅱ-14 社員のモチベーションを高める活動に関する連携部門と連携主題】

他部門との連携度

	第1主成分	第2主成分
研究開発部門	3.8299462	-0.77776119
取締役会又は担当役員	2.965639772	0.524650648
人事部門	2.644723792	-2.47603075
製造部門	1.544932263	1.667644148
技術サービス部門	1.277561324	3.103519331
経営企画部門	0.774222129	-0.19566894
法務部門	-0.25071807	0.291354458
海外事業部門	-0.36934706	-1.70363938
マーケティング部門	-0.5280137	-0.0458197
営業部門	-0.53303048	-1.06726778
財務・経理部門	-0.79794343	1.303384476
総務部門	-1.73832665	0.43279793
品質保証部門	-2.09732407	-0.50677802
IT部門	-2.09732407	-0.50677802
調達部門	-2.30849719	-0.278946
広報部門	-2.31650075	0.23533881

知的財産戦略の視点
① 知財の創造者のモチベーションを如何に高めるか、研究開発部門の人材とのコンタクトが重要
② 開発創造型の社風を経営トップと共に作り上げる。
③ 人事部門と協働する知的財産活動、成長している実感

（連携主題）
- モチベーション向上策の内容についての検討、活動指針の策定
- 表彰規程、補償規程などについての法務的検討
- 職務発明規定の制定・実施、人事と広報との連携が必要
- 特許表彰の対象選定
- 表彰予算の確保
- 社風がモチベーションに大きく影響
- 事業戦略を如何に共有させるかの検討
- 業務とのリンク
- 新人社員教育においては、総務部門と技術部門の社員に対する教育においては、その担当者と日程、内容を整理
- 研修修了者に記念品贈呈
- e-learningを実施しているので、IT部門と相談する必要

（g）自社権利のライセンスアウト

自ら自社製品に実施または使用しない知的財産権の権利活用の形態として、自社権利のライセンスアウトがある。我が国の現存特許件数は100万件にのぼる。そのうち権利活用が図られているのがおよそ30％、その他の権利は取得したもののビジネスには活かされていない。知的財産マネジメント

の成長段階では、まず自社技術を知的財産権で守ること、つぎに権利保有のコストパフォーマンスが問われ、更なる成長段階では自社権利による収益回収すなわちプロフィットセンターとしての役割である。多くの企業において、知的財産部門に課されている課題である。技術の進展が著しく、また先行技術との関係でやむなく減縮を余儀なくされた狭い権利範囲、様々な原因で発生する未活用特許、一方で未活用特許にかかる経費も積み重なっていく。自社権利のライセンスアウトのあり方にも大きな議論がある。しかしながら、単に経費削減という観点だけで論じることには危険が伴う。自社権利のライセンスアウトは、事業戦略上の重大事項の一つであり、それゆえ、取締役会または担当取締役との入念な連携が必要になる。ライセンスアウトの事業戦略上の意義またはライセンスアウト後の経営戦略さらにはライセンシーのコントロールといった課題も重要であり、経営企画部門の関与も見逃せない。また、ライセンスアウトが自社の研究開発部門の競争力をそいでし

【表Ⅱ-15　自社権利のライセンスアウトに関する連携部門と連携主題】

他部門との連携度

	第1主成分	第2主成分
取締役会又は担当役員	3.478817699	0.763163294
研究開発部門	2.793253712	-0.48921478
経営企画部門	2.604824452	1.882015691
法務部門	2.445519802	-1.31633519
海外事業部門	0.886140857	-1.44470728
製造部門	0.767793851	1.40200939
マーケティング部門	0.142178901	-0.13587765
広報部門	0.017557425	0.175110236
技術サービス部門	-0.31095523	0.111395734
営業部門	-0.39253122	-2.15871834
財務・経理部門	-0.7081411	-1.86499809
調達部門	-1.64924392	2.096925873
品質保証部門	-2.15212502	1.500333678
IT部門	-2.29956769	0.722538783
総務部門	-2.69163827	-0.75939676
人事部門	-2.93188425	-0.48424458

知的財産戦略の視点
① ライセンスアウトは、事業戦略の重要事項
② ライセンシーを率いて研究開発部門が常に優位性を維持できるライセンス
③ 市場、顧客をどのようにコントロールするか

(連携主題)
- ライセンスによる効果、ライセンス料の設定、支出額
- ライセンスポリシーの確認、ライセンス条件等の検討、条件の同意
- 事業戦略、R/D戦略、特許戦略上の意味
- 知財面での評価と契約書のチェック
- 権利の価値評価
- 事業性およびライセンスの必要性の技術的検討
- ライセンス料負担額の折衝(社内調整)
- 社内決裁
- 知財面での評価と契約書のチェック
- 主に交渉を行うのは役員なので、必要な情報を出している
- 自社事業への影響調査

まっては意味がない。ライセンシーを率いて研究開発部門が常に優位性を維持できるライセンスアウトをして事業戦略上優位な競争をしていかなければならない。ライセンシーが自社の研究開発部門にぶら下がってついてくる環境を作ることが必要である。その意味で、第二位には研究開発部門との連携の重要性が示されている。ライセンスには契約上の慎重なチェックが必要であり、法務部門との連携も必要である。

(h) 共同研究開発

そもそも共同研究開発というのは、自社にない技術力を他社から補完する、また他社にない技術を補完してあげるという相互補完的な目的が存在している。提携先との技術分野との融合により新たな相乗効果または異業種交流による新領域の構築というねらいもあるだろう。企業間提携による顧客および市場への戦略的事業展開やアライアンスの構築による競争優位性の確保など、そのねらいは事業環境により様々である。すなわち、共同研究開発の真のねらいを十分に議論する必要があり、研究開発部門や経営企画部門、更には取締役会または担当取締役との連携のもとに慎重な協議が必要である。ベスト10企業の結果からは、もっぱら研究開発部門との連携が真っ先にあがっており、第二位に共同研究開発の契約書のチェックのための法務部門があがっているが、これでは十分とは言えない。近年、共同研究開発に対するニーズは益々高まっている。その契約主体は大企業から中小企業まで様々であるが、共同研究開発の成果物の取り扱い、取引先企業との共同研究開発ではビジネス上の力関係ゆえに強制された不公平な契約内容への留意事項、契約期間経過後の更なる開発成果の扱い、共同研究開発へ参画した開発者のその後の人材流出など、法律上または知的財産権上の課題は多く存在する。そういう意味では、知的財産部門と法務部門との連携が上位に位置しているのかもしれない。

【表Ⅱ-16　共同研究開発に関する連携部門と連携主題】

他部門との連携度	第1主成分	第2主成分
研究開発部門	5.1680977771	0.7778747613
法務部門	3.3718573078	-2.8994884079
取締役会又は担当役員	1.4692119145	-0.0196067801
製造部門	1.0472938741	1.1992970514
海外事業部門	0.6271388714	-0.6195110849
経営企画部門	0.5463871281	0.9865858935
技術サービス部門	-0.1036807768	1.3862054984
マーケティング部門	-0.2669950602	-0.1697550832
営業部門	-0.2881973310	0.5464015589
広報部門	-0.3249459231	-0.3746961097
調達部門	-1.1942769837	1.2119341578
品質保証部門	-1.3375556001	1.0796397074
IT部門	-1.7800630577	0.6338589000
財務・経理部門	-1.8189422630	-1.2976701703
人事部門	-2.3261477725	-1.3742153876
総務部門	-2.7891821047	-1.0668545049

知的財産戦略の視点
① 研究開発部門の競争力向上が目的
② 共同研究開発の成果物の帰属、契約終了後の扱いなど、法務面の詰めが必要
③ 共同研究開発のねらいは事業戦略

（連携主題）

■ その共同開発の必要性

■ 共同研究に伴う知的財産の取扱いの検討

■ 契約書のチェック、内容の同意

■ 契約条件（主に成果物の取扱い）についての検討、交渉の役割分担について

■ 事業戦略、R/D戦略上の意味を確認して、特許戦略の策定、共同研究のメリット、ディメリットを確認

■ 事業への影響度の把握

（ⅰ）知的財産部門の予算要求

　一般的な知的財産部門の予算としては、まずは、出願から権利化までにかかる代理人費用、権利化に付随して必要な予算としては審判事件や高等裁判所における審決取消訴訟関係の代理人費用がある。権利化後においては権利の維持費用、その他各種届出にかかる費用、代理人報酬などである。特許等知的財産情報の活用にかかる費用、情報活用のための社内データベースの構築と運用にかかる経費も大きくなっている。他社とのライセンスにかかる経費も企業によっては多額にのぼる。日常的な社内における知的財産教育経費も近年大きくなりつつある。さらには、他社との知的財産紛争にかかる経費は想定されていない事態に備えた予算が必要になる場合もある。このアンケートで問いかけた41項目にわたる様々な知的財産活動も活動の原点には予算が必要である。要は、どのような知的財産活動に力点をおいて進めていくかによって予算要求の形が変わってくる。41項目の業務の中で、企業が

おかれた環境を踏まえ単に権利化と情報活用を中心とした予算構成ではなく、プライオリティーをつけた予算配分の検討が必要になる。連携度の第一位にあげられたのが研究開発部門である。これは、知的財産部門の活動が知的財産の創造舞台である研究開発部門に力点が置かれた額の予算を使っていることを示している。言い換えると、今回のベストテン企業においては、知的財産活動の大半が研究開発部門のために展開されていることを示している。会計監査と一体的に付随して出てくるのが業務監査（オペレーションオーディット）である。予算とは別に、知的財産部門がどのような業務を行っているか、社内関係部門のニーズに適切に応えているか、他部門との連携状況、企業目標の達成への貢献度などが問われてくる。知的財産マネジメントの成長段階にあわせて、業務監査と会計監査が行われなければならず、社内での一層の透明化が次へのステップに必要となろう。

【表Ⅱ-17　知的財産部門の予算要求に関する連携部門と連携主題】

他部門との連携度

	第1主成分	第2主成分
研究開発部門	3.907407198	0.303107492
取締役会又は担当役員	3.793843742	0.323965424
財務・経理部門	2.546182662	-1.284551857
法務部門	1.497375369	1.457579838
経営企画部門	1.44911532	-0.754336421
人事部門	0.794447939	-2.286869004
海外事業部門	0.559180723	1.690595919
マーケティング部門	0.107576221	1.336535116
技術サービス部門	-0.823629555	-0.60723875
営業部門	-1.125443241	1.639115188
IT部門	-1.139095382	-1.520407485
製造部門	-1.264122149	0.496574226
総務部門	-1.545582225	-1.118790456
広報部門	-2.409341111	0.109016067
調達部門	-2.924678691	0.015699096
品質保証部門	-3.423236822	0.200005607

知的財産戦略の視点
① 研究開発部門および会社の競争力向上のための予算
② 知財紛争等のリスクマネジメント予算
③ 全社の知的財産活動に広げた予算

（連携主題）
- 研究開発テーマの進捗状況の把握と必要な予算要求
- 知的財産部門の予算は事業戦略部門と協議の上決定
- 知的財産戦略を、担当役員、予算統括部門へ説明、理解を得ることが必要
- 知的財産の保護に関する目標設定に応じた予算要求ゆえ、研究開発部門との連携が必要
- 知的財産部門の予算は事業部へチャージされるため、各事業部門と定期的な折衝が必要
- 事業部ごとの知的財産関連予算を取りまとめる
- 出願件数（特許庁費用、弁理士費用等）の予測、各種調査費用の予測
- 営業戦略および広報戦略と連携した模倣品対策予算
- ライセンス支出、収益管理のための財務部との連携

(j) 社員に対する知的財産教育

　教育の仕組みには、社内一般研修、管理者研修、職種別研修、社外セミナー等への参加、オンザジョブ トレーニング、配置転換による教育、通信教育等自己啓発制度など、様々である。知的財産の重要性が高まる中、また秘密情報の厳正な取り扱いが求められる中、知的財産に関する知識を身につけるための教育に対する要求は高まっている。知的財産教育にはいくつかの側面があり、一つは、知的財産関係法令に関する教育、知的財産分野の実務研修、紛争解決やライセンス交渉に関する研修、秘密保持に関する研修。また、研修対象は、単に国内の社員向けのものに限らず、海外での模倣品が大きな問題になっている今日では海外進出先の社員に対する意識付け研修なども対象となる。また、日ごろの業務において連携する他部門の担当者に対する研修も相互理解のもとに連携を緊密にすることに役立つ。これまでの知的

【表Ⅱ-18　社員に対する知的財産教育に関する連携部門と連携主題】

他部門との連携度

	第1主成分	第2主成分
研究開発部門	5.199573115	-1.539721402
人事部門	2.156762871	-0.202308016
取締役会又は担当役員	1.716378246	1.043208645
海外事業部門	1.16581316	2.935808194
製造部門	0.832853484	-0.521478975
マーケティング部門	0.579500162	0.026413151
法務部門	0.526168344	-0.003446545
営業部門	0.400337554	1.482504988
経営企画部門	-0.12970349	-0.425152345
技術サービス部門	-1.22747892	-2.407678934
総務部門	-1.31936349	1.001982607
IT部門	-1.41610195	-1.363190501
調達部門	-1.53363056	-0.401975831
品質保証部門	-1.69024398	-0.140801067
広報部門	-2.50300441	0.021882461
財務・経理部門	-2.75786014	0.49395357

知的財産戦略の視点
① 研究開発部門の人材への知的財産教育が最重要課題
② 広く全社への知的財産教育は人事部門のプログラムへ組み込み
③ 知的財産尊重の社風を醸成

（連携主題）

- 特許戦略を実行する上での必要意識を与え、実務能力の向上を図る
- 研究・製造部門は、教育当事者として教育活動に参画
- 教育体制の整備、時期や実践方法の検討、教育内容の事前検討、対象者、ニーズに応じたコンテンツ企画、教材開発、講師と実践費用、教育に対するニーズ調査
- 人事の教育プログラムの一環
- 階層別、部門別、知的財産教育を人事部門と調整の上実施
- 新人社員教育においては、人事、総務、技術部門と日程、内容を整理
- 教育への意識付けをする工夫
- 教育内容の妥当性の検討等、フォローアップ

財産教育はあまりにも知的財産創造者への研修に偏っていたのではないか。知的財産部門の活動が経営目標または他の機能部門になかなか浸透してこなかった原因の一つであると考えられる。今回のベスト10企業の第一位にもやはり研究開発部門が出ており、次に人事部門となっている。知的財産の意義を、広く、製造部門、マーケティング部門、営業部門、調達部門、ＩＴ部門、広報部門など、全社の機能部門にとって必要な知的財産教育の形で展開していくことが必要である。これにより、初めて他部門との連携強化が図られ、知的財産活動の経営目標への貢献が進んでいく。

(k) 第三者の権利のライセンスイン

　自社技術に足りないところを補完するためのライセンスイン、または、自前開発による過大な経費がかかるのを避け他社から必要な技術を導入するためのライセンスイン、ビジネス上の関係から他社との協調路線を構築するためのライセンスイン、そのねらいは様々である。一般にライセンスインは当該分野を担当する技術者には敬遠される傾向がある。欧米では、ＮＩＨ症候群と言われるが、これは、他社技術排斥主義とも言われ、担当する技術者のプライドゆえ他社の技術の優秀なところに目を向けない傾向がある。人間の欲の一つである自己が評価されたいという欲求ゆえ、他社の技術に対して様々な欠点をあげつらい結果として自前技術の優れていることを主張する。また営業マンであれば、当然に自社技術の優秀さを誇張して他社技術の欠点をあげつらう。要するに、他者の技術を導入することの難しさがここに存在するわけである。当事者にはなかなか受け入れられないものの様であるが、難しい点は、担当分野の技術者を除いて他の部門では、第三者の技術を技術的に評価することができる人材が社内にいないことである。先に述べたライセンスインの効用は様々で大きいものがある。ライセンスインの妥当性および必要性について、知的財産部門の当該技術分野の担当者がその評価を買って出ることはできないだろうか。必要ならば、顧問契約先の技術士などの力

を借りても良い。ライセンスインの必要性は、必ずしも研究開発部門から出てきているのではなく、市場からのニーズとして浮かび上がってくるものもある。マーケティング部門との連携もまだまだ不足しているといわざるを得ない。

【表Ⅱ-19　第三者の権利のライセンスインに関する連携部門と連携主題】

他部門との連携度	第1主成分	第2主成分
取締役会又は担当役員	4.163820739	0.022719877
法務部門	3.562841341	1.210972952
研究開発部門	2.71467855	-1.09779184
経営企画部門	1.361512806	-2.638063193
製造部門	1.249633458	1.316375179
海外事業部門	0.572883167	-0.670912334
財務・経理部門	0.032841831	-1.462173244
マーケティング部門	-0.091195638	1.389189423
営業部門	-0.15716159	2.312200014
広報部門	-0.333096559	-0.943782377
技術サービス部門	-0.642542388	1.242423596
調達部門	-1.868312313	0.371205369
品質保証部門	-2.505483855	-0.537812674
IT部門	-2.505483855	-0.537812674
総務部門	-2.655928401	-0.040277146
人事部門	-2.899007292	0.063539075

(連携主題)

- ライセンスによる効果、ライセンス料の設定、支出額
- ライセンスポリシーの確認、ライセンス条件等の検討、条件の同意
- 事業戦略、R/D戦略、特許戦略上の意味
- 知財面での評価と契約書のチェック
- 権利の価値評価
- 事業性およびライセンスインの必要性の技術的検討
- ライセンス料負担額の折衝(社内調整)
- 社内決裁

知的財産戦略の視点
① ライセンスインの事業戦略上の意義
② 契約上の権利義務を如何に有利にするか
③ NIH症候群の排斥
④ 研究開発、製造の競争力向上

(1) 海外への事業展開に必要な知的財産活動

企業の海外進出は着実に進展している。しかしながら同時に、異なる文化、産業、制度、習慣のもとで各種の問題が生じている。海外進出に当たって知的財産部門がなすべきことも多い。進出国における第三者の保有する知的財産権、特に進出国内の自国出願人だけでなく、世界から当該国への出願状況をも把握する必要がある。これは、当該国への第三者による事業展開による競合対策、第三者による権利行使に対するリスク対策であるが、海外進出の企画段階、初期段階から知的財産部門が関与しなければならない。そして、必要な出願を当該国に行なっているか、海外出願に当たっての出願国の

選定についても、かなり早い段階から海外進出の可能性を含めた検討がなされていなければならない。要は、海外事業展開と知的財産活動とが十分な連携をとっていなければならない。現地法人に対するライセンスの仕組みも技術指導、技術移転から市場展開、利益回収まで含めた契約が必要になる。更に、現地雇用社員に対する秘密保持義務の課し方、不正行為に対する対策、現地で創造される新たな発明の取り扱い、現地社員に対する知的財産教育など、海外事業展開の態様によって様々な知的財産活動が必要になる。ベスト10企業の結果では、何より先に、海外事業部門による現地での活動を競争力の高いものとする協力、支援が必要との認識から、海外事業部門との連携が第一位にあげられている。そして、海外進出は多額の投資とリスクを伴うことから、経営の一大事であり、取締役会または担当役員、経営企画部門との密接な連携が第二位にあげられており、経営の意思決定に必要な知的財産情報を適切にタイムリーに提供していかなければならない。

【表Ⅱ-20　海外への事業展開に必要な知的財産活動に関する連携部門と連携主題】

他部門との連携度	第1主成分	第2主成分
海外事業部門	3.668127727	-0.91250193
取締役会又は担当役員	3.291701901	0.14486993
経営企画部門	3.144067194	-0.05100664
研究開発部門	2.154316469	-1.58077849
マーケティング部門	1.305676625	2.068124604
法務部門	0.831582321	1.907075306
営業部門	0.598034941	-1.80996456
製造部門	0.22773991	0.685115684
財務・経理部門	-1.12241524	1.552068781
技術サービス部門	-1.12935339	0.693049939
調達部門	-1.36423146	-0.34876502
広報部門	-1.72295628	-0.06902269
IT部門	-1.96475782	-1.01140431
品質保証部門	-2.09363359	-0.82289049
総務部門	-2.89580356	-0.1104236
人事部門	-2.92809576	-0.33354652

知的財産戦略の視点
① 海外事業部門の活動を高める
② 海外での競合状況、市場、他社権利等の総合的把握
③ 海外事業展開を有利に進める判断材料、海外事業企画

（連携主題）

■ 当社および海外法人が保有する知的財産権の状況、価値評価

■ 海外進出する国における第三者の特許によるリスク評価

■ 海外進出する国における事業戦略、特許戦略の確認

■ 当社出願の出願維持国の再検討

■ 海外法人に対する技術ライセンスの価値評価

■ 事業と特許との関係の調査

(m) 和解すべきか否かの検討

知的財産権侵害に関する紛争または法廷闘争に伴い必要となる経営判断に、相手方と和解すべきか否かという課題がある。訴えた場合、訴えられた場合、特許権の有効性、権利行使の容易性などによって対応は種々のパターンがあるが、知的財産権侵害事件であるからといって知的財産部門がすべてを判断することはできない。本件特許発明と被疑侵害物品と抵触に関する判断は知的財産部門がその専門性によりまたは専門家を含めて検討判断すべきことであるが、その検討結果に基づいて訴訟を継続すべきか和解の道を検討すべきかなどについては、当然のことながらビジネス上の高度な経営判断が必要になる。訴訟の方向性によって自社の事業展開がどのような影響を受けるか、顧客の事業展開に及ぼす影響、和解した場合の事業活動の再構築、下請け・市場・顧客との関係の再構築など経営者と一体となった戦略的決断が

【表Ⅱ-21　和解すべきか否かの検討に関する連携部門と連携主題】

他部門との連携度

	第1主成分	第2主成分
取締役会又は担当役員	4.4217375647	0.7741046281
法務部門	3.8297693636	0.3194726077
経営企画部門	2.0157236040	2.1580189216
広報部門	1.4805623527	-1.2261904140
研究開発部門	1.3083933220	0.1590773499
海外事業部門	0.6809499613	-0.6691552526
マーケティング部門	0.5912129271	-2.2348653273
営業部門	0.5729162483	-0.5579457551
製造部門	-0.1968916191	0.1188312680
技術サービス部門	-0.9049402893	-0.1105480852
財務・経理部門	-0.9578967624	-1.6975444051
調達部門	-1.6687467721	0.7269825413
品質保証部門	-2.3180915019	1.1241130525
IT部門	-2.7263725402	1.1194242196
総務部門	-2.7582026870	-0.2238417503
人事部門	-3.3701231717	0.2200664008

知的財産戦略の視点
① 経営者と一体となった戦略的決断
② 和解による事業活動の再整理、市場・顧客への事業戦略の再構築
③ 企業イメージ維持または向上のための広報戦略との連携

（連携主題）
■ リスク面、法的対応
■ 和解すべき理由の確認、和解内容の合意
■ 和解の妥当性判断のための調査と社内調査
■ <u>和解後のビジネス戦略の検討</u>
■ マーケティング戦略上和解すべきかを検討し、取締役会で確認
■ 加入している業界団体や<u>顧客</u>の意向を確認
■ 事業全般への影響
■ 報告と方向性の決定
■ 技術内容の検討
■ <u>営業上、マーケティング上、経営上の影響を検討</u>
■ マネージメントの承認が必要

必要であり、取締役会または担当取締役、経営企画部門との連携が上位に位置している。また、和解の詳細に関する法務上の詰めも重要であり、経営判断に基づく事業再構築を最良の体制に導くため、抜けのない法務戦略との調整も必要になる。さらに、和解に伴い影響を受ける企業イメージについても慎重な対応が必要になる。広報部門との連携が上位に上がっているが、下請け・市場・顧客、広く社会に対してどのような広報戦略を展開するかについては非常にセンシティブな問題であり、関係部門との連携による適切な対処が必要になる。法廷闘争の結果はビジネスの拡大縮小に影響を与える。ベスト10企業の連携状況によれば、営業・マーケティングがそれほど上位に位置していないが、より緊密な連携が必要になる部門である。

(n) 保有権利の活用評価・棚卸し

　我が国産業界の旺盛な特許出願という伝統的な知的財産戦略は、結果として産業競争力の飛躍的な成長をもたらしたと言ってよいが、一方で、取得したものの実施または使用していない知的財産権が多く存在し、スリムで効率性の高いビジネスモデルを追及する今日においては、真に役立つ権利を維持し不要な権利は放棄またはライセンス等により整理していくことも求められるようになっている。しかしながら、そのための評価手法については十分に議論されておらず、保有権利の活用評価・棚卸しが十分に行われているとは言えない。まず、これらの未活用特許が発生した原因を探り検証していく必要がある。ある調査によれば、現存特許権の約3割は有効に活用されているといわれるが、特許発明の技術的範囲まで確認した判断がなされているとは考えにくいところがある。すなわち、有効に活用されていると判断したものの、いざ権利行使しようとしたときに改めて権利範囲を確認してみると被疑侵害製品を包含するような権利になっていないような場合が出てくるのではないだろうか。一般的に行われている活用度調査では、知的財産部門が研究開発部門に活用度のコメントをもらい、これをもって活用の有無の判断を行

なっているようであるが、知的財産部門による権利範囲の認定と研究開発部門による技術的見解、そして現実の製品を含めた営業・マーケティングの観点から総合的に評価していかなければならない。更に、権利範囲の議論に加え、将来の市場においての製品の位置づけによっても権利を維持すべきか否かは影響を受けるであろう。ベスト10企業では、研究開発部門とマーケティング部門が上位に位置しており、上述の観点から、保有権利の活用評価・棚卸しが適正に行われているものと考えられる。

【表Ⅱ-22　保有権利の活用評価・棚卸しに関する連携部門と連携主題】

他部門との連携度

	第1主成分	第2主成分
研究開発部門	5.606092295	0.837814867
マーケティング部門	2.150100304	-2.42139736
製造部門	1.838121971	-0.18715549
経営企画部門	1.348949806	1.16120636
取締役会又は担当役員	1.233590008	0.659302046
営業部門	0.707360667	2.170802351
海外事業部門	0.562419337	-0.49741529
技術サービス部門	0.454477773	-2.70417955
法務部門	-0.72209166	0.549711229
財務・経理部門	-0.79060508	-0.07752865
IT部門	-1.44496839	-0.37155008
品質保証部門	-1.56471216	0.338908415
広報部門	-2.21042657	0.748585648
人事部門	-2.30447519	-0.19349435
総務部門	-2.30447519	-0.19349435
調達部門	-2.55962792	0.179884223

知的財産戦略の視点
① 研究開発部門の競争力の維持向上
② マーケティング戦略を取り込んだ知的財産活動が重要
③ 更なる知的財産の創造活動の活性化を踏まえた棚卸し

（連携主題）
- 保有権利の技術に関する実施状況・技術評価について、研究開発部門の意見を聞く
- 保有権利の価値判断、重要性判断は当該技術に関する部門が行う
- 実施状況、計画を確認の上、権利維持の必要性を判断
- 特許技術の使用状況（特に海外における）、特許製品の販売状況を技術および営業部門の責任者に確認し、担当役員（社長）を交え評価
- 外国特許の維持が大きな負担、国内特許は基本的に維持
- 事業戦略に役立つ保有権利の棚卸しが必要であり、営業、マーケティングを含めた事業戦略から評価・棚卸し
- 職務発明規定の運用、発明者のモチベーションなども考慮する必要有り

（o）新規事業立ち上げに必要な知的財産活動

　ここで言う新規事業立ち上げは、新たな技術シーズに基づき新製品を市場に展開していく場合のことと考える。この場合、ビジネスのコアになるのは創出された新製品である。すべて自社開発か社外からの調達かという詳細は別として、新製品に対する技術的評価がまず必要になる。新事業立ち上げに

際しては、特許情報をもとにして他社の技術開発状況やこれまでの製品と比較してどのような優位性・競争力があるかを評価し、これを踏まえた必要な特許出願が適正になされているかを確認する必要がある。この際に、特許情報の活用が重要な評価材料となるため、知的財産部門と研究開発部門が連携して徹底した調査を行わなければならない。上市した途端に他社からの訴えを受けるようなことでは、それまでのあらゆる投資が無駄になる場合もある。この技術的、権利的評価を行うと同時に、当該新製品の市場での受け入れ可能性、拡大可能性などについて徹底した市場調査を行う必要がある。市場ニーズ、消費トレンド、消費者人口、製品ドメインのボリュームなど、マーケティング部門による評価が重要である。知的財産部門としては、上述の技術的評価に基づく出願戦略に加えて、マーケティング部門による評価を踏まえた出願戦略をも再構築する必要がある。市場が必要とする製品であるからこそ独占権を取得するという観点である。次に出てくるのが製造部門との連携である。新製品に関する製造方法の基本特許を取得しているか、新製

【表Ⅱ-23 新規事業立ち上げに必要な知的財産活動に関する連携部門と連携主題】

他部門との連携度

	第1主成分	第2主成分
取締役会又は担当役員	3.8912494658	0.1605071167
研究開発部門	3.6262616677	1.9552251758
経営企画部門	3.3254383388	0.7029696232
製造部門	1.8165198252	-0.0668444116
マーケティング部門	1.7857076741	-2.9317319438
法務部門	-0.0797213737	-1.8438199728
海外事業部門	-0.2933618560	0.5949504384
営業部門	-0.7321441984	-0.1654303704
技術サービス部門	-0.8204204243	-1.4100634674
調達部門	-1.3033261696	0.3750279043
広報部門	-1.3306467169	0.2707261846
財務・経理部門	-1.5055515419	-0.5954660794
IT部門	-1.7532064105	1.1081167944
人事部門	-2.0080309524	0.1826534521
品質保証部門	-2.0923296334	1.1927391786
総務部門	-2.5264377845	0.4704403773

(連携主題)

■ 新規事業立ち上げに必要な知的財産権の分析

■ 知的財産権価値評価

■ 事業防衛の見地から必要となる知的財産権の獲得

■ 他社の特許によるリスクの確認

■ 事業戦略、特許戦略の確認、活用

知的財産戦略の視点
① 経営戦略上の決断を知的財産活動により支援
② 競合他社または関連特許権利者の徹底検証
③ 新規事業を有利に展開する環境作り

品のために特別に導入した製造ラインは他社に真似られないように必要な出願を行なっているかなどを確認しなければならない。さらに、新製品は市場に出したとたんに市場・顧客・消費者から「市場の声」を受ける。その多くが製品の品質に関することである。上市前に入念に品質管理体制を敷いたものの新製品であるがゆえの抜けがあったり、消費者からの思わぬ要望が品質に影響するものであったり、要は、製造ラインでの小さな改良を余儀なくされることが多く、知的財産部門と製造部門とが密な連携をとってこれらの要望に応えていかなければならない。これらの改良技術についても知的財産上の評価をする必要がある。要するに、知的財産部門も他部門と連携を図りながら、新規事業での有利な展開を最大限支援できる環境づくりをしていかなければならない。

(p) **模倣品対策**

　国内での模倣品問題に加え、海外市場での模倣品が深刻な問題となっている。模倣品対策での筆頭に、知的財産権に基づく権利行使が位置づけられる。市場での模倣品の発見に基づき知的財産部門での専門的調査分析が必要になる。一般に模倣品と呼んでも、当該模倣品が知的財産権で保護されている権利範囲にあるか否かについての評価が権利行使可能か否かの前提になる。知的財産権を侵害する模倣品である場合もあるが、知的財産権で保護されていない製品の模倣品である場合も現に存在するわけで、この点は慎重に検討が必要である。市場を睨んで知的財産権による十分な保護体制を構築しておくことが必要である。まずは、対策を講ずべき国において必要な出願と権利化がなされているか否かが重要なポイントになるが、これに関連して、中国における知的財産権の取得に実務上の指摘がなされている。これは、中国に特許出願をしたものの、日本語から中国語への翻訳に重大な誤訳が存在し、仮に権利化したとしても侵害品に対して権利行使できるような権利の設定にいたっていない場合が多いことである。我が国企業は中国へ多くの特許

出願を行なってきたが、最近になって、この誤訳問題が深刻な問題として議論されるようになってきた。社内の知的財産部門に日本語と技術がわかる中国人スタッフを置いて、中国出願の翻訳の適否を中国側代理人を含めて詳細な検討体制を構築している企業もあるが、現在のところ未だその状況に至っていないところが多い。早急な対応が必要となる。

模倣品に対する法的検証に加えて、事業への影響度、将来市場への影響、現地企業とのアライアンスの方向性など、営業・マーケティングを含めた市場全体の方向性の中で必要な法的手段を講じていくことが必要であり、知的財産部は関連部門との総合的な議論の中での活動が要求される。

【表Ⅱ-24　模倣品対策に関する連携部門と連携主題】

他部門との連携度

	第1主成分	第2主成分
法務部門	3.413866623	-1.221372985
取締役会又は担当役員	2.80779081	-0.260669294
経営企画部門	1.779714524	-1.910561432
営業部門	1.526731222	1.369198839
マーケティング部門	1.421726496	-0.130689232
研究開発部門	1.276832489	1.700888647
海外事業部門	1.221167135	0.950264866
広報部門	0.921479385	-0.665038047
技術サービス部門	0.439614284	-0.223102405
調達部門	-0.90636509	1.620311141
製造部門	-0.91991153	1.918422684
財務・経理部門	-1.93763124	-2.37993705
IT部門	-2.40520204	-0.046471359
品質保証部門	-2.73237045	0.542344865
総務部門	-2.83104796	-0.486528433
人事部門	-3.07639466	-0.777060804

知的財産戦略の視点
① 模倣品に関する法的検証、とり得る法的手段の確認
② 事業への影響度からとるべき対策を立案
③ 現状から将来への市場、顧客コントロール
④ 模倣品に関する法的検証、とり得る法的手段の確認
⑤ 海外市場での市場調査と競合調査

（連携主題）

■ 実態把握、模倣品の入手と調査、模倣品情報の伝達、市場での情報収集

■ 情報共有、<u>方針の決定</u>、基本対応方針の検討、リスク分析

■ 技術サービスに持ち込まれる偽造品対応

■ マーケティング戦略との連携

■ 反偽造品広告キャンペーンと取締活動の連動

■ 対応予算獲得のため経理部門、担当役員と検討

■ 現地生産工場の管理職と協力し、模倣品の生産拠点の摘発

■ <u>事業への影響度の把握</u>

Ⅱ-3　知的財産部門の将来の役割

　以上、企業の成長と強化のカギとしての知的財産と他部門との連携により真に統合化された知的財産マネジメント体制を構築していく必要性、そして、この達成のためにはこれまで知的財産部門が行ってきた出願から権利化を中心とする業務から幅広い知的財産活動を取り込んだ業務へ発展させていくことが必要であることを述べてきた。まずは、現状で行っている業務の洗い出し、洗い出された各業務について、他部門とどのような連携を図りつつ当該業務を推進しているかを評価していく。一つの比較評価指標としては、前述のベスト10企業における連携度分析の結果を用いることができるであろう。企業内の他部門との連携の難しさについては、本章の冒頭で述べたところであるが、知的財産が経営全般に影響力を持つに至った今日においては、これを乗り越えた挑戦が必要になってきている。

　知的財産部門の将来の役割を検討していく上では、まず、全社の機能部門を串刺しにした横断的プロジェクトを構成する必要がある。先に示した41項目の知的財産関係の業務について、全機能部門からの検討を行い、自社の知的財産関連業務にどの項目を取り込んでいくべきかを決定していく。41項目の知的財産関係の業務の中には、知的財産部門のみで実行することのできる業務もあるが、その大半の業務は、前述したように、それぞれ必要な連携を図っていかなければならない。その限りでは、抽出された業務は、知的財産部門の業務ということではなく、他部門との協働で遂行していくべき業務となるであろう。そのためには、設立した横断的プロジェクトをアドホックなものではなく、継続性を持った組織としなければならないかもしれない。Andy Gibbs, Bob DeMattheisの著書 Essentials of Patentsの中では、PQM：Patent Quality Managementという概念を提唱し、これに基づく実行体制として全社から横断的に選任されたメンバーによる組織の設立を強く提案している。この横断的組織の任

務・目標を設定し、これを各機能部門の任務・目標として落としこんでいくことが、将来の知的財産部門の役割を構築していく上での大きな助けになると考える。具体的な任務・目標の設定は、企業のおかれた環境、目指すべき方向性、市場の動向、企業規模、事業規模、保有技術レベルなどによりまちまちであるため、本書において、そこまでの落とし込みは差し控えるが、必要となる基本的な視点はご理解いただいたものと考える。より高次の知的財産マネジメントレベルへの発展と、知的財産活動の企業目標の達成への貢献により、企業の競争力が向上することを願ってやまない。

参考文献一覧

[1] 平成 17 年度特許庁大学知的財産権研究プロジェクト報告書（特許庁、2006 年）

第Ⅲ章　企業における知的財産部門と他部門との連携事例

東京工業大学社会理工学研究科　経営工学専攻

助手　米川　聡

要約

　本書では、主にこれからの企業経営において知的財産部門と他部門との連携を如何に行っていくべきかについて論じているが、本章では企業の現状を認識して頂くために、国内外の企業の事例を紹介する。

　企業内の連携形態は、その企業の業種、規模、組織、知的財産部門の規模、事業戦略、企業風土、知的財産部門の担当者だけでなく研究開発部門といった他部門の担当者の知的財産リテラシーにより異なるものとなる。

　例えば、全体の規模が小さく、知的財産部門の構成人員も少人数である企業は、部門内、部門間での意思疎通も比較的容易になされるが、全体の規模が大きく、知的財産部門の構成人員も大人数である企業は、部門内、部門間で意思疎通を図り、部門間での連携を密とするには様々な対策が必要となる。

　本章においては、上記の点を示し、これから知的財産部門と他部門との連携を強化するにあたっての参考となる事例を集めた。

第Ⅲ章　企業における知的財産部門と他部門との連携事例

　本章では、企業における知的財産部門と他部門との連携についての具体的な事例を紹介する。調査対象は国内外の企業7社とし、業種及び規模は可能な限り重複することを避けた。

Ⅲ-1　国内事例1（α社）

Ⅲ-1-1　企業概要
　事業内容：無機材料（特に不定形耐火物およびファインセラミックス）製造業
　創業：1950年代
　従業員数：約200名
　知的財産部門の人員数：3名

Ⅲ-1-2　実情（知的財産部門と他部門との連携）
　α社は、無機材料、特に不定形耐火物およびファインセラミックスのメーカーである。前記の不定形耐火物とは、製鉄用の高炉や転炉の内壁材として用いられるものである。これは、それぞれ形状が異なり且つ高温環境下におかれる高炉や転炉に適用しなければならないため、粉末状のセラミックスと他の材料を準備し、これを配合した状態で出荷し、現場で施工を行うものである。製品自体は粉末の状態で出荷され、現場施工される。

このため、原料成分と、その配合割合、配合方法、施工のノウハウが特に重要な要素となっており、これらを権利化していくにあたって、如何に知的財産部門を強化していくかが課題となっている。

　また、α社は海外に技術を輸出しており、前記の配合方法、配合方法、施工方法に関してライセンス契約し、ライセンス料を回収している。ここで注目すべきは、この契約には知的財産権に関する条項が必ずしも含まれず、また配合や施工のノウハウが中心となっている点である。それにも関わらず決して少なくない収益をあげている点もまた特筆すべきであろう。

　また、α社は多くの同業他社とは異なり、大手メーカーの傘下には入らず、国内外の多くの企業等に製品を販売していることに加え、創業者の時代から知的財産への関心が強く、研究開発部門に属する技術者が特許広報を読むことが業務の一環として日常化している。

　また、前記のとおり、国外へも事業展開していることからＰＣＴ出願等も積極的に行っている。

　このようにα社は特許とそれに関わる業務を非常に重要視していることがわかるが、その反面、知的財産部門の所属する人員は3名と決して多くはない。通常ならば、3名という人員だけでは国内外にまたがる特許関連業務の全てを行うことは困難であり、そのためには研究開発、営業、原料調達などの各部門が常に知適財産の観点からも業務を捉え、知的財産部門と密接に連携し、知的財産部門の人数の少なさを補っていくことが必要であると考えられる。

　α社は、このような知適財産部門との他部門との連携の度合いは非常に密であるからこそ、上記のような知的財産業務を行うことが可能であるといえる。では、それを可能にした要因とは何であろうか。

　まず、α社の創業者が知的財産に関心が強い人物であったことが知的財産を重要視する企業風土の形成に影響したことは無論であるが、さらに大きな要因として"大部屋制度（One floor concept）"が挙げられる。

この大部屋制度とは、知的財産部門と研究開発部門とが同じ大部屋の中で隣り合って業務を行うことを指す。他の企業においては知的財産の担当セクションを研究開発部門におくケースもままあるが、それはあくまでも組織編制上のことであり、α社のように知的財産部門と研究開発部門とが文字通り一つの部屋の中で、且つ近い距離で業務を行うことではない。

　α社の大部屋制度は、知的財産部門と研究開発部門との意思疎通と互いの業務の理解を促すことができる。研究開発部門の技術者が特許広報を読むことが日常化していることなどはその好例であり、上記の企業風土を形成するのに好影響を及ぼしたと考えられる。

　上記の大部屋制度は、主に知的財産部門と研究開発部門とに適用されているが、その利点は知的財産部門と研究開発部門以外の部署にも浸透している。

(1) α社においては、知的財産部門が顧客からの苦情等を処理する場合がある。このため、問題の解決、トラブルの再発防止のために品質管理部門との連携がとられている。

(2) 上記のとおり製品の成分が非常に重要であるため、原料調達部門との連携も密である。

(3) α社は、前記の他の企業へのライセンシングの他、他メーカーとの共同出願も行っている。その際の契約手続の一部は営業部門の所掌であるため当該部門とも連携がとられている。

(4) α社における連携は社内のみならず社外とも行われており、特にユーザからの各種情報（製品・市場動向）の提供も受けている。これは、前記のとおり大手企業の傘下に入っていないことによるところが大きい。

Ⅲ-1-3　結論

　以上のとおり、α社は大部屋制度ゆえに知的財産部門と他部門との連携が密であるといえるが、当該企業は海外へも事業を展開しており、提供する製

品も高品質であることから、さらなる事業展開が予想される。これに伴い、知的財産部門に限らず他部門の拡充が進行し、現在の大部屋制度の維持が困難になることが予想される。

この際、α社においては、知的財産部門を含む各部門の拡充により増加した人員との間でノウハウを共有しつつ、大部屋制度の精神風土を維持することが必要であると考えられる。

また、α社にとっては、原料の配合等のノウハウが重要である点は前述したが、人材流出によりこれらのノウハウが社外に流出することへの対策も講じなくてはならないだろう。

III-2　国内事例2（β社）

III-2-1　企業概要

業種：一般産業機械、工作機械、産業用ロボット製造ならびにシステム構築
創業：1910年代
従業員数：約2000名
知的財産部門の人員数：20名

III-2-2　実情（知的財産部門と他部門との連携）

β社は、一般産業機械、工作機械、産業用ロボット製造ならびにシステム構築を主に行っている大手企業であり、多くの特許、実用新案、商標を保有しており、知的財産部門の人員数も20名と充実している。また、知的財産報告書の発行も計画されている。

その知的財産部門の責任者に他部門との連携の必要性を尋ねたところ、「すでに連携をせざるを得ない状態となっている」という。

前記のとおり、β者は大手メーカーであり、知的財産の必要性も強く認識

し、技術者への知的財産教育も充実している。

また、技術者が会社に発明を届け出る際に作成する発明届出書も明細書の書式に則り記入することが義務付けられており、技術者自身が予め先願調査も行わなければならない。

上記のような知的財産体制を有しているβ社においては知的財産部門と他部門との連携の必要性を認識しているのは当然ともいえるが、その背景には別の事情も存在する。

β社は、自社防衛のための多くの侵害訴訟で勝訴しており、現在も公判中の訴訟も存在する。侵害訴訟で勝訴し、自社の権利を守るためには、他部門と迅速且つ密接に連携を行うことが必要であり、上記の「連携をせざるを得ない」という発言の真意はそこにあると考えられる。また、技術者に先願調査を義務付けていることも、万が一の訴訟を念頭においたものであるといえる。

以下、訴訟における知的財産部門と他部門との連携の一例を示す。

β社は、海外にも事業進出しており、現地のメーカーから受注をうけ当該メーカーにβ社のロボットを納入するまでの間に、このβ社の競合企業から、そのロボットは当方の知的財産権を侵害しているとの通知を受けたことがある。

この場合、ロボットは納入前であることから、営業も知的財産と連携して対策を講じなくてはならない。また、製品を開発した技術部門も知的財産との連携を密にしなくてはならない。さらに、当然ながら知的財産部門も相手方の技術内容を調査するといった訴訟に向けての行動をおこさねばならない。結局、営業、技術、知的財産の各部門の責任者が現地に出向いて対抗策を講じたという。また、訴訟の結果等をプレスリリースする際などには広報との連携も必要である。

知的財産担当者は、従来のように単に自社の技術の権利を取得するためだけに知的財産活動を行うのではなく、自社の面子を守るためにも常に訴訟に

備える必要があるという。このために、知的財産部門がプレゼンスを示し、訴訟を念頭においた、さらに充実した知的財産教育を行う必要があると述べている。また、侵害を発見した技術者にインセンティブを与える制度の導入も検討中である。

また、知的財産部門は上記の業務の他にも、知的財産ポートフォリオ作成のために事業部門からの情報収集も行っており、全体として知的財産への意識も高く、知的財産部門の発言力も高いといえる。

Ⅲ-2-3　結論

β社の事例は、今まで以上に、訴訟を通じた広い意味での権利防衛を知的財産部門の主業務の一つとして位置づけることの必要性を示唆しているといえる。

Ⅲ-3　国内事例3（γ社）

Ⅲ-3-1　企業概要

業種：日用品製造
創業：1870年代
従業員数：約1000名
知的財産部門の人員数：5名

Ⅲ-3-2　実情（知的財産部門と他部門との連携）

γ社は、最終消費財としての日用品を製造している。その歴史は長く、老舗とも言うべき企業である。しかしながら、その歴史に比べ特許数は多くはない、その背景にはγ社特有の事情がある。

前記のとおり、γ社の主製品は最終消費財としての日用品であり、いわゆ

るハイテク製品とは異なり、その製造装置、製造方法は大量且つ安価に生産することが可能な程度に成熟・一般化されており、品質を絶えず改善していくことは必要であるが、このために大規模な新技術の導入は必要でなく、むしろブランドを前面にだした戦略が重要であり、営業部門に対する教育、寸分たがわぬブランド表示、自社の意匠・商標の保護が最優先事項となっている。これは特に海外において顕著となっている。

例えば、海外においては、ある日用品単体では販売数が伸びず、他の日用品との組み合わせ、つまりトータルコーディネートと、これに付随した権利取得が必要であるという。

また、特定の宗教圏ではγ社のロゴが使用できない場合があり、代わりのロゴを権利化しておく必要があったという。

そして、国内外を問わず、いうなれば自社ブランドに対する"意固地さ"が必要不可欠であるという。

以上の点から、知的財産部門においては、企画・開発部門との連携の度合が大であり、部分意匠との関係から他社の動向を調査している。また、ブランドを維持するためには製品の質も重要であるため、製造部門との連携も密である。

さらに、知的財産部門の責任者は、知的財産を前面におき、且つ長・中期スパンを意識した営業戦略が必要であり、そのために必要なマーケティング部門との連携は不十分であり、今後の課題であると述べている。

Ⅲ-3-3 結論

γ社は、国外、特に中国にも事業進出しているが、当該地域においては模倣品の氾濫が問題となっており、近い将来権利が侵害される可能性も否定できない。このため、意匠・商標の保護による侵害の防止、訴訟対策のための人材教育が必要であると考えられる。

また、γ社は、知的財産部門業務のうち、特許・実用新案のみならず意

匠・商標の保護の重要性を示す好例であるといえ、前記の模倣品対策とあいまってその重要性はさらに増大しているといえる。

III-4 国内事例4 (δ社)

III-4-1 企業概要
業種：空調機器製造
創業：1960年代
従業員数：約200名
知的財産部門の人員数：1名

III-4-2 実情（知的財産部門と他部門との連携）
δ社は、空調機器の製造を主業務とする企業であるが、その設立の経緯はユニークであり、ベンチャー企業の"はしり"といえる。

創業時は、受託研究が業務の中心であり、他社で失敗した研究を再度実施し、契約のうえ派生技術を使用し、その技術を製品化するなどにより事業を拡大してきた。

もとは受託研究中心の企業であった点や技術力重視の企業方針もあいまって研究開発部門の規模は大きく全社員の役16%を占め、研究開発予算は全予算の4%を占める。

反面、知的財産担当者は1名と少なく、全社の知的財産に関わる業務の全てを担当している

この知的財産担当者は、他企業での知的財産部門での経験が長く、「知的財産は量よりも質」と述べている。この担当者は、研究開発部門に身をおき、発明者からの提案以前の段階から盛んに意見交換をし、知的財産の質の向上に努めている。

また、δ社は中国にも事業進出しており、当該地域においては前記のγ社と同様に特許・実用新案より意匠・商標、つまりブランドの保護が重要であるケースが多々あるという。

　特に中国においては、意匠・商標を出願しないということは、結果的に模倣されることを許容していると受け取られかねないと述べている。

　以上の点から営業部門もこれまで以上に技術ならびに知的財産の知識を身につけ、知的財産部門とさらなる連携を図ることが重要であると述べている。

Ⅲ-4-3　結論

　γ社は、知的財産は量より質という一つのスタイルを実践している企業であるといえる。ただし、知的財産担当者が1名であることの弊害も存在し、この点は事業規模の拡大により顕在化することも考えられる。したがって、知的財産の質を維持することを念頭に、地財担当者が有するノウハウを伝授し、新たな知的財産担当者を育成することも視野にいれるべきだと考えられる。

　また、中国等における模倣品には知的財産、特に意匠・商標の"数量"を短期間に確保することが有効な対抗策となる場合もある。この点からも新たな知的財産担当者の育成を急ぐ必要性が生じる可能性も否定できないといえる。

Ⅲ-5　国内事例5（ε社）

　日用品メーカーε社は、世界各国に製造、販売および流通拠点を有する国際企業である。

　近年では営業成績が上向きに推移しており、ビジネスの活力を取り戻した状

況にある。業績不振の時代には競合企業からの攻勢も厳しく、市場での競争に対して特許権に基づく権利行使により、競合企業の侵害品排除が市場シェア維持に果たす役割が期待され、一連の法廷闘争により知的財産部門の戦略的活動が展開された。

これらの法廷闘争も業績の回復とともに終結し、現在のところ、競合企業との市場争いに知的財産部門が関与するというよりは、社内的な活力の向上のための戦略にシフトしている状況である。

この一つの動きが、アイデアマネジメントである。このアイデアマネジメントのコンセプトは、大きく二つの概念から構成されている。一つは、社員の創造性、発想力を高める活動であり、もう一つが創造されたアイデアをマネジメントして全員でシェアする活動である。この二つが車の両輪をなしており、バランスよくシステム構築され実施されていくことが重要である。アイデアマネジメントは必ずしも知的財産部門のみの活動ではなく、全社の関連部門との連携によって、また、そのための専任のポジションを設けることにより遂行されている。

アイデアマネジメントは、**図Ⅲ-1**に示すように、その上位に位置づけられるイノベーションネットワークの戦略の一部になっている。これは、インテリジェンス、アイデアマネジメント、テクノロジーデベロップメント、プロダクションデベロップメント、コマーシャリゼーションの五つのモジュールで構成され、これらのモジュールをつなぐイノベーションネットワークシステムによって支援されている。

社員の創造性、発想力を高める活動の一つがクリエイティブトレーニングであり、専門のコンサルタントによる徹底した教育がなされている。成果物として得られるアイデアは、アイデアバンクというシステムに蓄積され、全社員に共有され、これにより社員相互の刺激を増長することのできるネットワークが提供されている。すべてのアイデアが社内ウェブ上に公開され、全社員に共有される。

【図Ⅲ-1】

```
                    イノベーションネットワーク

        インテリジェンス           アイデアマネジメント

        テクノロジーデベロップメント   プロダクションデベロップメント

                    コマーシャリゼーション
```

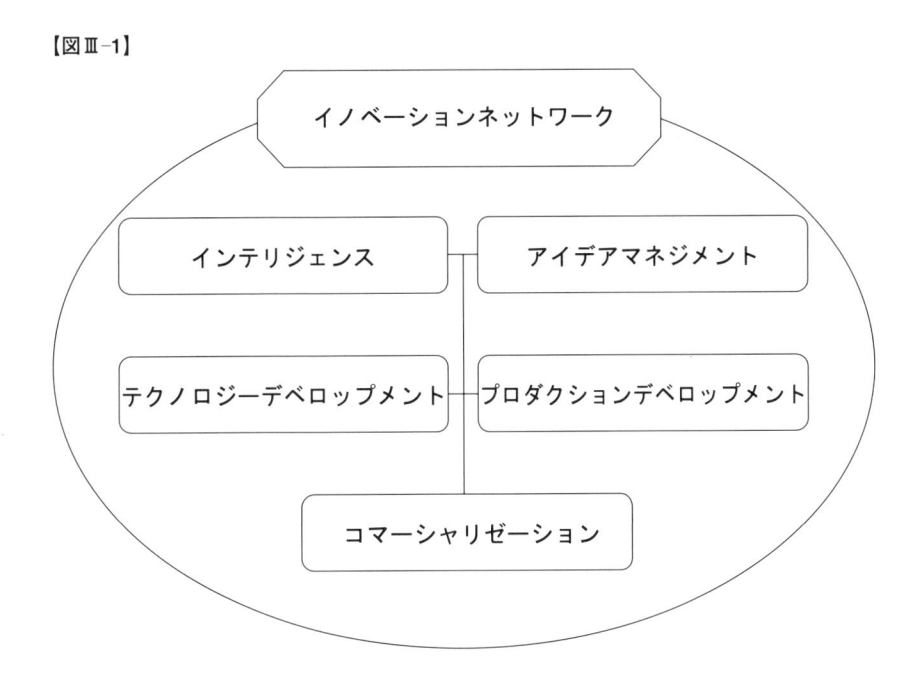

　このアイデアバンクにおける重要な点は、アイデアバンクへのアクセスおよびアイデア蓄積は、上長を経由せず社員が自らの判断で行うことができ、これについては誰も口を挟むことができず、社員ひとりひとりの創造的活動が保証され、さらなる活力の向上に役立つシステムとなっていることである。

　上記の点は、システムだけの問題ではなく、社員ひとりひとりの創造性を尊重する社風が反映されているのであろう。アイデアバンクに蓄積されるアイデアは常に発明委員会の評価を受け、当該アイデアが特許出願に値するか否かの審査がなされ、出願に値すると判断された場合には、その時点でセキュリティーがかけられ秘密情報管理がなされる。

　アイデアバンクの構築は、知的財産部門の業務であり、このアイデアバンクは、技術的ニーズのデータバンクと提案されたアイデアのデータバンクとからなる。さらに、アイデアバンクの活用に当たって、アイデアテイカーとアイデアマッチメーカーと呼ばれる専任のポジションが設けられており、ここで、技

術的ニーズと提案されたアイデアとのマッチングがなされる。

　さらに重要なポイントは、上述のアイデアマネジメントシステムと、イノベーションネットワークとにより、知的財産部門を含め全社の機能部門の連携が促進される体制を導入していることである。

　以下、知的財産部門と他部門の連携に関する具体的活動の例を挙げる。

(1) ε社においては多くの開発プロジェクトが進められているが、当然のこととして全てが市場化につながるわけではなく、一方で出願は継続していく。この処理をどうするかについては、知的財産部門のみで決められることではなく、営業、マーケティング、開発などとの戦略的連携が必要となる。

(2) ε社製品の原材料メーカーの特許取得がビジネス上大きな影響を受ける。原材料メーカーによる特許取得は多社購買を困難にし、特に、原材料価格の交渉が困難となる。直接的に影響を受ける購買部門、製造部門と連携して、原材料メーカーが取得した特許の価値を他の原材料メーカーとの比較により評価する必要がある。

(3) ε社所有の権利と他社製品に使用されている類似商標との関係を判断したり、他社所有の商標権との関係を判断したりすることが必要となり、その戦略策定にあたっては、マーケティング部門との連携が重要となる。また、類似商標の使用を市場製品から見つけてくる役割もマーケティング部門が担っており、その際の警告または法的アクションを戦略的に議論する点でも連携が必要となる。全社員に他社の侵害品を探した人にインセンディブを与えるような活動も行っている。これも社員の愛社精神を高めるよい活動であるが、他社製品の侵害調査については、今後システム的に行える方法がないか検討している。例えば、新聞や雑誌、インターネットを通じて、常時他社製品を監視する体制が取れないかということである。

(4) 社内のコミュニケーションを高めるために、前記のα社と同様の大部屋制度を導入している。これは物理的にすべての部門の壁を取り払っていることが基本となるが、それが故、社内の秘密情報管理が重要な課題となってい

る。ε社においては、情報を3段階に格付けし、各部門の管理者がそのレベルに応じた秘密情報管理に責任をもっている。知的財産部門は未公開の情報を扱うこともあり、特定文書の金庫管理（情報金庫）を行っている。全社的な情報管理ゆえ、他部門との連携が必要となる。

Ⅲ-6　海外事例（ζ社およびη社）

　筆者らは、上記の国内5社に加え、日本を本社として中国現地法人を有するζ社と、台湾を本社とする中国現地法人η社のヒアリング結果をもとに、海外駐在の知的財産部門（または担当者）と他部門との連携のあり方を調査した。
　これらの中国の現地法人での知的財産部門は、日本に比べ少人数で構成されており、非常に限られた人数で知的財産活動を行っている。
　裏を返すと、知的財産部門（または担当者）が単独でできることは限られており、それがゆえ、関係する他部門との連携が無条件で必要となるのが現状である。
　すなわち、日常的な知的財産活動全般について、現地法人の他部門との連携をもとに具体的業務を推進している。さらに、案件によっては、本社関係部門とも緊密な連携を図り行動している。
　知的財産部門の目標管理は、現地法人における担当役員、品質保証部門、営業部門、製造部門、技術サービス部門などとの連携を図り、部門の最終的な目標を決定している。
　特に、模倣品撲滅という目標に関しては、販売目標との摺り合わせが重要であり、どのような行動をとるべきかの判断が行われる。
　また、現地での消費者に対する広報活動も日常的な模倣品対策として重要であり、これにあたっては、広報部門と一体となってキャンペーンなどを行う必要がある。

さらに、製品の部品等に模倣品が使用されている場合には、製品自体の修理などの必要性が生じる場合があり、技術サービス部門との連携も必要となる。技術サービス部門に持ち込まれる物の中には、模倣品を使用したために故障が生じた物があり、模倣品であるか否かの判定を早急に行い、この模倣品の販売店などを取り締まることにより、顧客に迷惑がかかることを防止する必要があり、それには関係部門との連携のもとで迅速な対応がなされなければならない。模倣品対策についても大がかりな対策を講じる場合には相応な予算措置が必要となるため、どの程度の対策を講じるべきかについては、マーケティング部門と連携をとりながら、今後の販売予測、計画等を踏まえ、加えて財務経理部門と共同して検討することが必要である。

　以上のように、海外における模倣品対策に関しては、関係する部門と日頃から綿密な連携体制のもとで知的財産活動を展開している。中国市場での行政救済を求める場合の留意点としては、各行政区において救済手段に関する異なった条例があるため、この条例に基づく申立て、答弁等の手続きが必要となり、しかも短期間の手続き期限が設定されているため、その度に本社に決断を求める時間がない。

　このため、現地の知的財産部門（または担当者）に権限を委譲しておくことが必要となる。すなわち、現地では、本社からの大方針に基づき、個々の具体的手続きについては現地での決断で対処し、最大の成果をあげていかなければならない。

　社員に対する知的財産教育については、知的財産部門が単独で行うのではなく、人事部門と共同して行なっている。企業への忠誠心というものは容易に醸成できるものではなく、また、過度に期待することもできない。海外拠点では、その国の文化・社会的背景によって労務管理や教育体制も異なり、これらの背景を十分考慮して具体的な活動計画を策定し、実行する必要がある。

　上記の活動計画の策定および実行は、技術流出防止対策においても必要であり、従業員の意識の違いなども踏まえて慎重な対策をとらなければならない。

これまで社員であった者が、離職後秘密情報をもとに新会社を設立したり、競合企業に入り秘密情報を不正使用するといった危険性は常に存在しているがゆえに、相応の対応が必要となる。社員の秘密保持義務に関しては、使用者側が一方的に秘密保持義務を強要した場合、法律上の争いになった際に、必ずしも使用者側に有利に働かない場合があるようで、少額ではあるが秘密保持手当のような権利義務と組み合わせた仕組を採用している企業もあるとのことである。これに関しては海外における種々の経験から最善の仕組作りが求められるところである。

　上記以外の具体的な対策としては、ＩＴの仕組を十分に活用し、情報アクセス権などシステム上の工夫を施しておくのが効果的であり、それに加えて、厳格な社内規定を有する体制を整備することも重要である。この点では、ＩＴ部門や法務部門とが連携して対策を講じることが必要となる。

　中国における知的財産権、特に特許・実用新案権の調査については、これまでは、もっぱら日欧米の出願人の権利情報を把握することが中心であったが、今後は、中国現地の競合企業の権利情報を慎重に調査し、この調査結果は、現地法人に留まらず、本社へも迅速に発信し、必要な対策を講じていく必要があると考えられる。

第Ⅳ章　知的財産経営成功のための知的財産組織の在り方

株式会社大和証券グループ本社

法務部・知的財産課長　小林　隆

要約

　近年、「知的財産経営」という言葉が用いられ、企業の知的財産部門の多くは、経営に資する知的財産部門を目指し努力を続けている。しかし、多くの企業は新業務にチャレンジしているものの苦戦を強いられているのが実情のようである。そこで、本章では、まず、知的財産部門が業務を遂行するうえでの特徴（他の一般的な部門との違い）を整理するところに立ち返り、その上で、知的財産経営成功に繋げるために必要な条件、特に最も重要な条件の一つである「組織上の課題」に着目し、検討を行った。

　知的財産業務は、他部門との連携作業・共同作業の積み重ねである。このため、知的財産部門は、①他部門の理解を得ずして業務を円滑に遂行できない、という他部門には無い"弱み"を持ち、一方では、②自社・他社の技術力・知的財産力等に関する優れた情報収集力を保有する、という他部門には無い"強み"をも持つことになる。知的財産経営成功には、"弱み"を克服し"強み"を発揮していくことが基本であり、それらを実現できるための「知的財産組織の位置付け」を確保することが必要条件の一つとなる。

第Ⅳ章　知的財産経営成功のための知的財産組織の在り方

Ⅳ-1　知的財産部門の業務拡大の二つの流れ

　過去の特許部や知的財産部は、研究部門・開発部門が創出した新技術を権利化し、知的財産に関するリスクを軽減することにより、事業を影で支える「裏方的な部署」という印象が強かった。

　しかし、現在は、企業の知的財産の創造・保護・活用を図り企業価値を高めていくために、知的財産部門が積極的に各種新業務に関わっていくことが求められている。

(a) 対象となる知的財産・知的資産の拡大

　知的財産部門の業務は拡大傾向にあるが、その流れは大きく二つある。一つは、業務の対象となる知的財産・知的資産で見た場合、その範囲が拡大していることである。かつては、特許・商標・著作権といった知的財産権に関する業務が中心であったが、その対象範囲が拡大し、営業秘密、ノウハウ、ブランド等へと拡張してきている。

(b) 知的創造サイクルの各過程に関与

　もう一つは、事業の流れで見た場合、事業戦略・研究開発戦略といった知的創造サイクルの上流過程にも知的財産部門が積極的に関わりつつあることである。企業の知的創造サイクルを強く早く回すため、知的創造サイクルの上流から下流の全てに知的財産部門が積極的に関与するということである。

かつて、特許部や知的財産部門は、受身の部署になりがちで、研究部門や事業部門から提出された特許提案を社内で審査し、出願し、中間処理を行い権利化し、そして、ライセンス交渉等に関する業務に携わることが中心であった。しかし、現在は、事業戦略や研究開発戦略構築の段階においても、知的財産部門が積極的に関与することが求められている。

知的財産部門は、全社的な視点（経営視点）に立ち活動を行なうべきであり、自社の知的財産の創出・保護にとどまらず、知的財産をあらゆる側面から捉え、いかに自社事業に活用できるかを考え、それを実践していくべきである。そのためには、各部門のベクトル合わせにも積極的に関与していくことが求められる。

【図Ⅳ-1　知的財産部門の業務拡大】

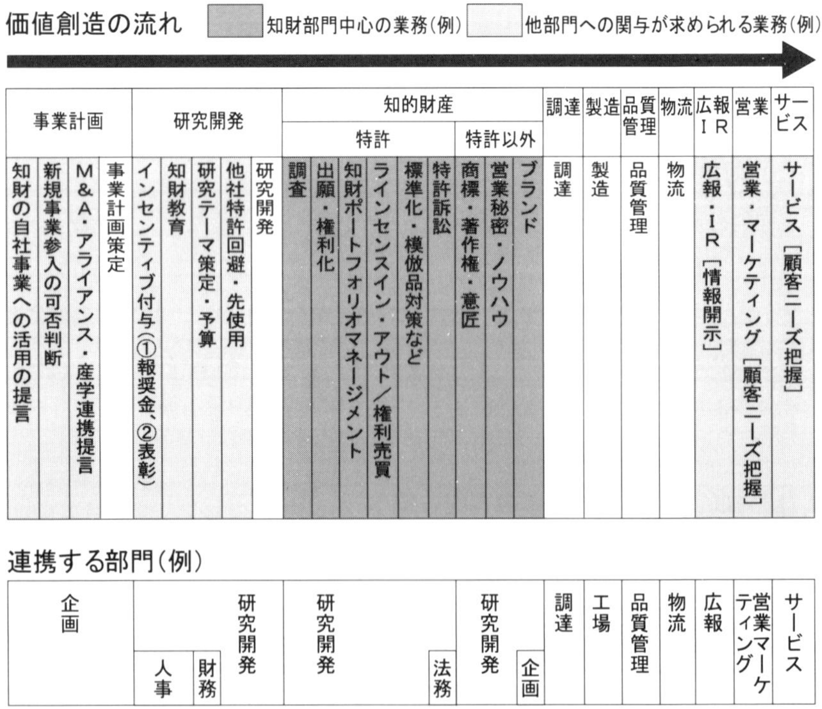

価値創造の流れ　　□ 知財部門中心の業務(例)　　□ 他部門への関与が求められる業務(例)

事業計画	研究開発	知的財産		調達	製造	品質管理	物流	広報・IR	営業	サービス
		特許	特許以外							
知財の自社事業への活用の可否判断 / 新規事業参入の可否判断 / M&A・アライアンス・産学連携提言 / 事業計画策定	インセンティブ付与①報奨金、②表彰 / 知財教育 / 研究テーマ策定・予算 / 他社特許回避・先使用 / 研究開発	調査 / 出願・権利化 / 知財ポートフォリオマネージメント / ライセンスイン・アウト/権利売買 / 特許訴訟 / 標準化・模倣品対策など	商標・著作権・意匠 / 営業秘密・ノウハウ / ブランド	調達	製造	品質管理	物流	広報・IR［情報開示］	営業・マーケティング［顧客ニーズ把握］	サービス［顧客ニーズ把握］

連携する部門(例)

企画	研究開発		研究開発	研究開発		調達	工場	品質管理	物流	広報	営業マーケティング	サービス
	人事	財務			法務	企画						

Ⅳ-2　知的財産部門の業務の特徴

　企業の知的財産部門の業務に長く携わっている人は、異口同音に、「知的財産活動は、経営トップの意識が高くないと成功しない。」、「一度、痛い目にあわないと、社内の知的財産の意識は高まらない。」と言う。一部の知的財産の先進企業を除くと、多くの企業の知的財産部門は、程度の差こそあれ、みな、企業内の組織の「壁」に阻まれ、目標を実践に移す段階で苦戦を強いられているのが実態のようである。では、なぜ、そのような「壁」を大きく意識するのであろうか。それは、知的財産部門が業務を遂行する上で、他部門にはない"弱み"が存在するからである。

　一方で、知的財産部門を、経営の中核の部署に位置付け、企業内の知的創造サイクルの中心的役割を担う部署として活動し、企業価値を高めていく必要があるとの考えも増えている。知的財産部門には、なぜそのような役割が求められるのか。それは、知的財産部門は、他部門にはない"強み"を持っているからである。

　これらを明らかにするため、以下に、知的財産業務を遂行するうえでの特徴を列挙する。

（a）知的財産部門の業務の特徴（10点、他部門の業務との違いから）

①知的財産部門の業務は、ほぼ全てが他部門との共同作業・連携作業

　知的財産部門の業務は、自己完結できる業務が殆どなく、ほぼ全てが他部門との共同作業・連携を必要とするものである。

　例えば、特許出願一つをとっても、発明者の所属する部門・部署との共同作業・連携が必要である。また、新製品をプレスリリースする場合はそのタイミング・内容について広報部門との調整が必要になってくる。中間処理にしても、ライセンス交渉にしても同様である。このように、知的財産部門の

業務は、他部門の理解がないと円滑な活動が出来ないものが殆どである。
　一方、別の見方をすると、他部門の個々の社員（＝発明者等）と直接接する機会が多く、知的財産部門には、紙ベースではない、生の情報が数多く入ってくる。最新技術動向、研究開発動向、研究者・技術者の取り組みや抱える課題など、様々な情報を直接入手することができるという"強み"を持っている。

②共同作業・連携を要する部署数が極めて多い
　また、単に、他部門との共同作業・連携を必要とする業務ばかりというだけではなく、その部署数が極めて多いということも特徴である。例えば、大手電気メーカーのように社員数が数万人にもなるような会社においては、各地の研究所・事業部門に発明者が存在している。このため、多くの部門の理解がないと円滑な活動は困難である。
　一方、これは、極めて多くの部署と共同作業を行う機会があることを示し、非常に多くの部署の情報を取得出来る立場にあるという"強み"を持っているということもいえる。

③知的財産活動は、短期間に成果が出ない
　特許の場合、出願から審査請求の期限まで３年、更に審査が開始されるまで２～３年を要するなど、結果が出るまで多くの年月を要する場合が多い。このため、他部門や発明者からすると、インセンティブは働きにくく、ここでも、他部門の理解がないと円滑な活動が難しいという課題が存在する。

④他部門からすると、ラインとは異なる部門（知的財産部門）との共同作業
　企業規模が大きい企業では、知的財産部門は研究開発部門から独立した組織となっていることが多いが、研究所や事業部門からすると、縦割りの組織の中で、他部門である知的財産部門との共同作業はインセンティブが働きに

くい。ここでも、他部門の理解がないと円滑な活動は困難という課題がある。

⑤数値情報化が難しい

数値情報化が難しいため、知的財産活動が理解されにくいという課題がある。

> a) 知的財産活動の成果・効果を数値情報化するのが難しい。比較的容易に数値情報化できるものは、分野別の出願件数、登録件数、登録率、あるいは、ライセンス料収支等に限られ、その他のものを数値で示すことは難しい。但し、近年は、知的財産の活動指標の導入を試みる企業が増えてきている。
>
> b) 数値情報はミスリードされかねない。例えば、単なる特許登録件数では、基本特許も、未利用特許と同じ1件にカウントされる。また、特許収支では、例えば、1億円のライセンス料を支払い他社技術を導入し、それにより10億円の利益を上げることができれば、企業としてはそのラインセンスインは成功である。しかし、単純に、特許収支が－1億円という部分だけが捉えられれば、知財の弱い企業とミスリードされる恐れもある。

⑥地味な業務が基本

知的財産部門の業務は、特許出願など一つ一つは地味なものが多く、この地味な業務を着実にこなしていくことが基本である。一つの特許を出願する場合、発明者や特許事務所とミーティングを行ったり、ファックスや電話でやりとりをする作業がメインである。従って、係争の少ない業種・企業においては、社内で知的財産活動は話題になりにくく、これが知的財産活動を行う上で課題になる。

⑦専門色の強い分野

　特許では、業務知識を習得するのに何年もの期間が必要である。知的財産部門に配属された新入部員は、まずは、出願・中間処理に関連する業務を身につける必要がある。知的財産部門はその専門性のために、人事異動が少なく、弊害として知的財産以外の視点からの発想に乏しい部員も増えてくる。即ち、経営の視点に立ち知的財産戦略を構築できる人材が不足しがちで、これが課題になっている。また、専門色の強い分野であるために、他部門に理解されにくいという課題もある。

⑧自社の先端技術・新製品に接する機会が多い

　知的財産部門は、特許出願に関わることによって自社の研究開発部門・事

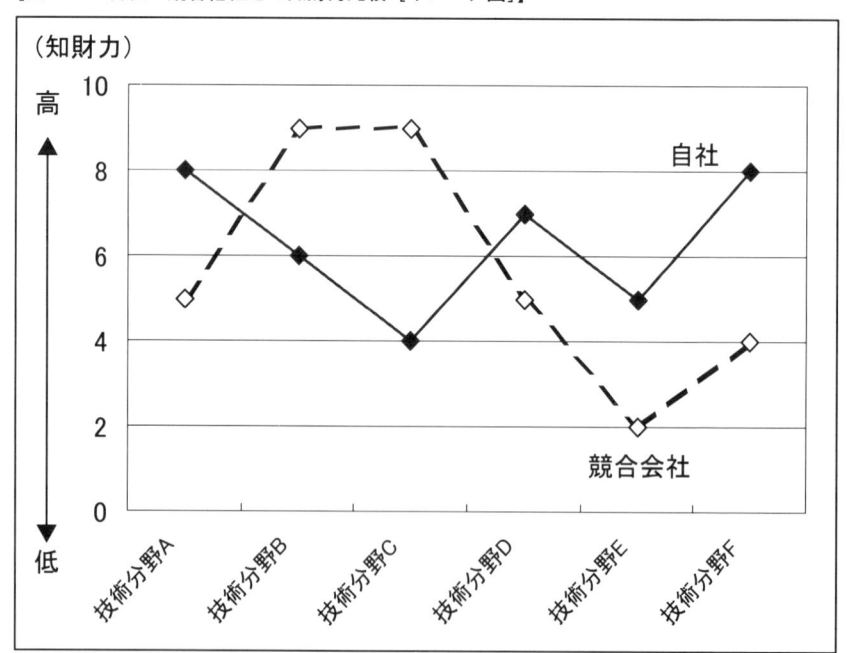

【図Ⅳ-2　自社・競合他社との知財力比較［イメージ図］】

業部門が取り組む先端技術や新製品に常に接している。また、商標出願では、新たに設立する子会社の社名、ブランド名、また、新サービス・新製品のネーミングを扱っており、ここでも常に会社の新しい取り組みに接することになる。これら、企業の新分野に接し続けていることは、知的財産部門の持つ"強み"といっていい。

⑨競合会社の先端技術に接する機会が多い

　知的財産部門は、出願判断・審査請求判断の際の公知例調査、新規事業進出可否の際の他社特許情報の調査・分析を実施している。他社の特許情報を分析することによって、競業会社が目指す事業の方向性、部門別の自社・他社の技術や知的財産力の優劣を把握している。これらも知的財産部門の"強み"である。

⑩多くの側面を持つ部門

　知的財産部門は、多くの側面を持った部署である。技術部門的な業務、人事部門的な業務、経営企画部門的な業務、事業部門的な業務、更に、法務部門的な業務、など様々な業務がある。このため、多くの部署との共同作業・連携作業が発生し、業務を遂行する上では「壁」となることも多く"弱み（課題）"となるが、逆に、多くの分野の情報を持っていることが"強み"になっている。

- 特許実務など、知的財産部門としての役割
- 先端技術に関わる技術部門としての役割
- 発明評価・表彰など人事部門的な役割
- 事業計画への参画、新規分野への進出可否判断、M＆A・アライアンスに関与する経営企画部門的な役割
- 特許開放によるライセンス収入など事業部門的な役割
- 訴訟・契約など法務部門的な役割

【表Ⅳ-1　知的財産部門が業務を遂行する上での特徴（強み・弱み）】

	特徴	知財部門の強み	知財部門の弱み
①	知財部門の業務は、ほぼ全てが他部門との共同作業・連携を要する	○他部署の情報を取得	●他部門の理解がないと業務が円滑に進まない
②	共同作業・連携を要する部署数が極めて多い	○極めて多数の部署の情報を取得	●他部門の理解がないと業務が円滑に進まない
③	知的財産活動は、短期間に成果が出ない		●他部門の理解がないと業務が円滑に進まない
④	他部門からすると、ラインとは異なる部門（知的財産部門）との共同作業		●他部門の理解がないと業務が円滑に進まない
⑤	数値情報化が難しい		●社内で理解されにくい
⑥	地味な業務が基本		●社内で話題になりにくい ●社内で理解されにくい
⑦	専門色の強い分野		●経営感覚を持った知財人材が育ちにくい ●社内で理解されにくい
⑧	自社の先端技術・新製品に接する機会が多い	○自社の最新技術情報を取得	
⑨	競合会社の先端技術に接する機会が多い	○自社の最新技術情報を取得	
⑩	多くの側面を持つ部門	○多くの分野に精通	●他部門の理解がないと業務が円滑に進まない

(b) 知的財産部門の"弱み＝他部門の協力・理解が必須"と"強み＝優れた情報収集力"を認識

　上記に列挙したものをみると、"弱み＝他部門の理解がないと業務が円滑に進まない"が数多くあることがわかる。多くの企業の知的財産部門が、他部門との「壁」を感じ目標どおりの活動が実践しにくく苦戦している原因はここにある。

　一方、知的財産部門は"強み＝優れた情報収集力"を持っている。知的財

産部門は、社内の極めて多くの部署との共同作業、広範囲の業務の中で、新製品開発状況、自社・他社技術情報、自社・他社の特許情報、研究開発環境、発明者の処遇、その他の生の情報を収集・分析できる立場にあり、優れた情報収集力を持っているといえる。

このように、知的財産部門には一般的な部署・部門とは異なる"弱み"と"強み"を持っている。

企業の知的財産部門は、これらの"弱み"と"強み"を認識し、社内（他部門・経営層）に理解してもらうべきである。

"弱み"を克服し、"強み"を生かすことが、ワンランク、ツーランク上の知的財産活動へのステップアップにつながると考えられるためである。

Ⅳ-3 経営トップと共通認識を持ち活動できる組織が重要

知的財産部門の持つ"弱み＝他部門の理解がないと業務が円滑に進まない"を克服し、会社全体の各部門と共同作業で業務を確実、かつ、迅速に遂行していくには、経営トップの全面的バックアップが必要であり、それには組織面での問題をクリアすることが必要条件になる。例として、複数の企業で採用されているように、①社長直轄組織への移行、②経営トップが参加する委員会組織の設置等が必要である。全社的な活動であるため、知的財産部門が活動しやすい組織体制に移行することが重要である。

また、知的財産部門の持つ"強み＝優れた情報収集力"を基に、事業戦略構築・研究開発戦略に参画し、知的財産戦略を構築することが重要である。

例えば、自社の事業計画の構築に際し、競合他社との技術面・知的財産面の比較分析を実施し、弱点がある場合には、①研究開発の強化（特許出願強化）を提言したり、②知的財産のライセンスインを検討したり、あるいは、③進出がどうしても不可能と判断される場合には進出不可の判断、を行なっていく必

【図IV-3　知的財産委員会（例）】

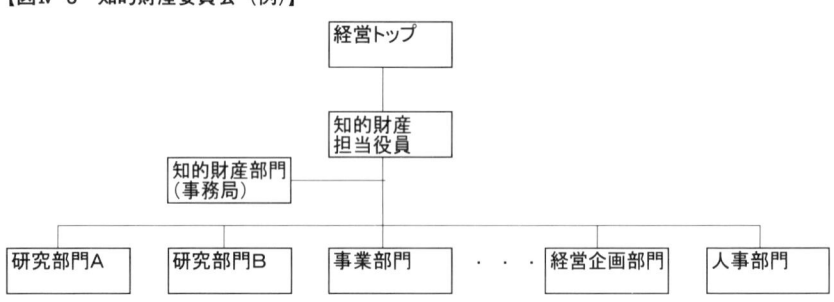

```
                    経営トップ
                        │
                    知的財産
                    担当役員
                        │
    知的財産部門─────────┤
    （事務局）           │
        ┌──────┬───────┼───────┬───────┐
    研究部門A  研究部門B  事業部門  ・・・ 経営企画部門  人事部門
```

要があるし、それが実行に移されていくべきである。そのような役割を発揮するには、知的財産戦略は、経営戦略や研究開発戦略と一体のものであり、組織としても、経営の中核に位置付けられることが重要になってくる。また、全社的に（他部門に対して）知財部門の新しいミッションを明確にするとともに、新業務に必要な人員を確保する必要がある。

　なお、近年、CIPO（最高知財責任者）の設置が推奨されているが、そのためには、企業としては、ベースとなる知財実務知識・技術知識は勿論であるが、これに経営感覚を併せ持った人材を育成していかなくてはならない。

（備考）知的財産最大化＝知的財産リスク最小化

　知的財産立国政策が採用され、知的財産を重視する企業が増加しているとはいえ、依然、企業内には「知的財産部門は、知的財産リスクを軽減する防

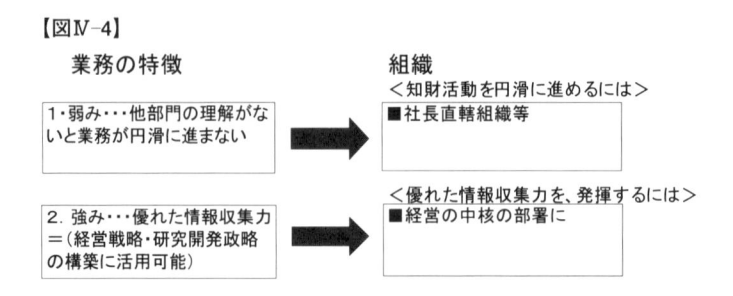

【図IV-4】

業務の特徴	組織
1・弱み・・・他部門の理解がないと業務が円滑に進まない	＜知財活動を円滑に進めるには＞ ■社長直轄組織等
2・強み・・・優れた情報収集力 ＝（経営戦略・研究開発政策の構築に活用可能）	＜優れた情報収集力を、発揮するには＞ ■経営の中核の部署に

衛的な役割である」といった保守的な見方をする向きもあるだろう。しかし、知的財産リスクをゼロにすることと、知的財産を最大限に拡大させることは、本来、着目点が違うだけで、そのために実行すべき活動にそれほど違いはないはずである。知的財産を最大限に拡大できれば知的財産リスクはゼロになっているし、また、知的財産リスクをゼロにできれば、知的財産は最大限に拡大しているはずだからである。即ち、知的財産リスクをゼロにすることを目的にしても、知的財産部門は経営の中核の部署になって活動しなくてはならない。

　例えば、知的財産リスクをゼロにすることを目的に、知的財産業務を実践することにする。知的財産部門が受身でいる限り、知的財産リスクをゼロにすることは不可能である。例えば、発明者から特許提案が出されても、新規性・進歩性のないものばかりであれば、そもそも出願をしても知的財産リスクを軽減することにはならない。では、知的財産リスクをゼロにするにはどうすればよいかを考えると、（特許出願の前提として）自社の研究開発部門が他社より新しい技術を開発するにはどうすればよいかを考える必要がでてくる。

【図Ⅳ-5　知的財産と知的財産リスク】

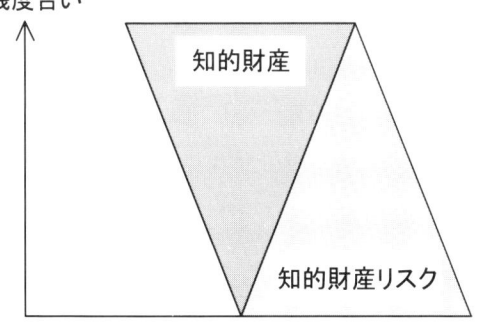

事業部門、研究開発部門、経営企画部門等と共同で、事業の方向性をいち早く決定し、いち早く研究開発に取り組み技術面で他社を常にリードし、そして、他社より早く特許出願を行う必要がある。

では、常に他社に技術でリードするにはどうしたらよいかを考えると、例えば、発明者の処遇の問題に取り組み研究意欲を高めること等が必要になり、そのために、特許などの知的財産を評価したり、報奨金制度・表彰制度を整備したり、場合によっては、研究開発環境の整備や予算配分にも意見を出したりする必要がでてくる。新規参入する分野においては、他社の技術力を調査・分析し新事業の進出の可否を判断するなど、知的財産部門は、様々な場面で、社内の多方面に意見を出し、実行に移していく必要がでてくる。

すなわち、知的財産リスクをゼロにすることを最終的な目的として活動するにしても、知的財産拡大を目的として活動するにしても、実行すべき活動にそれほど差はない。マイナス面（知的財産リスク）に着目してそれを無くすと考えるか、プラス面（知的財産の拡大）に着目してそれを増やそうと考えるかといった、着目点が違うだけで、どちらを目指すにしても、最終的には、その企業の知的財産リスクはなくなり、知的財産は拡大していることになる。

そしてそれを可能にするためには、知的財産部門は「下請け」的な組織であってはならず、経営の中核の部署として、会社全体を動かせる立場になっている必要があり、そうすることが、知的財産リスクを最小化することにも、知的財産を最大化することにも、つながるはずである。

但し、「知的財産リスクの最小化」、「知的財産の最大化」では、企業内での経営者・他部門の受け止め方・印象は異なる。知的財産活動を全社の活動に移行させるには、リスクのみに着目するのではなく、知的財産拡大を正面から捉えることが重要であろう。

Ⅳ-4　知的財産のマネジメント体制

(a) 企業内の知的財産マネジメント（集中型・分散型）

　日本企業の知的財産部門の組織には、大きく分けて、（A）本社に集中させる形（集中型、地理的に人員が各地に分散しても組織上は本社に集中）、（B）知的財産の戦略企画部門は本社、知的財産の実務部門（主に、出願関連業務など）は事業部門に分散させる形（分散型、地理的・組織的にも分散）、の二つがある。

　年々、知的財産を重視する経営が実践に移され、知的財産部門の人員も増加基調にある。一方、従来から、大手メーカーにおいて、調査部門を調査子会社として独立させる例がみられるが、今後も、本社組織のスリム化のため、知的財産部門の一部業務を、事業部門に分散させたり、知的財産専門子会社に部分的に移管することは出来ないか、といった議論が生じることが予想される。知的財産の時代といっても、大半の知的財産業務は、従来どおり出願・中間処理等の地道な業務であり、この実務部門を子会社に移せないか

【図Ⅳ-6　集中型と分散型】
Ⅰ．集中型（組織上は本社と一体）　　　Ⅱ．分散型（組織上、分離）

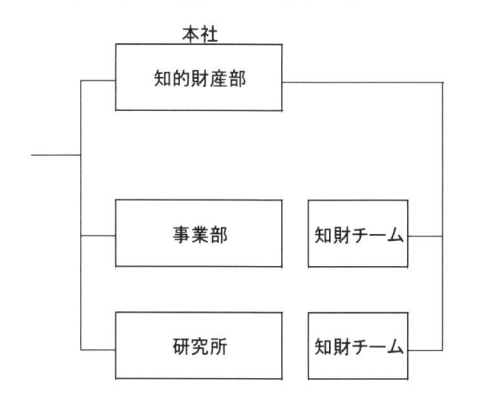

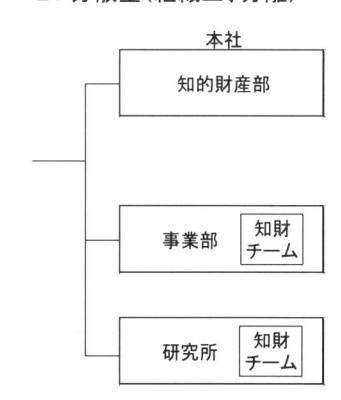

といった議論である。

しかし、下記の①〜③から、知的財産経営の実践という視点においては、戦略企画部門と実務部門の分断は望ましくはない。ともに本社組織に所属するのが理想であり、「集中型」のほうが望ましいと考えられる。

① 経営の中核の組織に

知的財産部門は、前述のとおり、"弱み"を克服し、"強み"を生かすために、経営の中核に位置付けられるべきである。

②実務部門の収集する情報に基づいた戦略企画、戦略企画を理解した実務

知的財産部門に"強み"があるのは、実務部門が多くの情報を収集できるためであり、これらが、企業にとって有益な情報となり、戦略企画部門が知的財産戦略を構築したり、事業戦略や研究開発戦略に参画する土台にもなる。

一方、個々の案件を取り扱う実務部隊も、経営戦略・研究開発戦略・知的財産戦略を充分に理解し、そのために自分は何をするべきかを常に考え行動する必要がある。

出願書類作成一つを取っても、出願担当者は、例えば、a）どの特許事務所がこの技術分野に精通しているか、b）請求項や明細書をどう書くか、c）外国出願をすべきか否か、等様々なことを判断する必要がある。発明者や事業部門からも方針が出されるだろうが、知的財産部門や個々の知的財産部員の判断に委ねられている部分も多い。結局、この出願はどういう意味・目的で出願されているか、取得した場合どう活用されるのかを理解している必要がある。個々の知的財産部員が経営戦略・事業戦略・知的財産戦略をいかに理解し、それを達成するために自分は何をすべきかを常に考えている必要がある。従って、戦略企画部門・実務部門を組織的に分離することは望ましくないと考えられる。

③実務経験と経営感覚の両方を併せ持つ知的財産人材の育成

　戦略企画部門の人材は、実務経験を積んだ者であるべきだが、それには、戦略企画部門と実務部門は近い存在である必要がある。分散型で、本社知的財産（企画中心）と事業部知的財産（出願等の実務中心）の交流が少なくなれば、実務経験と経営感覚を併せ持った知的財産人材が育たなくなる恐れがある。

(b) グループ内の知的財産マネジメント

　ここでは、グループ企業（親会社のみが上場し子会社は非上場企業であるようなケースを想定）の知的財産マネジメントに簡単に触れる。

　近年、グループ企業の知的財産を親会社が一元的に管理したり、逆に、一部の企業においては、知的財産部門の業務を部分的に知的財産専門子会社に移したりするケースもある。また、最近は、グループ内の知的財産の一元管理の手法として知的財産信託を導入する企業も出てきた。各々のスキームには、メリット・デメリットとも有るが、問題は、各スキームが、知的財産経営に馴染むものかどうかである。

　グループ企業の知的財産管理に関する議論では、効率的な管理、コスト削減の視点で議論されることが多いが、事業戦略・研究開発戦略との一体化が可能であるか、知財部門が能動的に活動できるか、といった視点からの議論も必要であろう。

　下表は、グループの特許管理に関し5つの類型（A．親会社一元管理（親会社権利譲渡型）、B．親会社一元管理（知的財産信託）、C．親会社一元管理（業務委託）、D．子会社委譲型（知的財産信託）、E．子会社委譲型（業務委託））を挙げ、二つの視点、「経営戦略・研究開発戦略と、知的財産戦略の一体化ができるか」、「知的財産部門が自主的・能動的に活動ができるか」、で整理したものである。

【表Ⅳ-2　グループ一元管理の各種スキームのメリット・デメリット】

	タイプ	①グループとして「経営戦略・研究開発戦略・知財戦略」を一体化できる可能性	②知財部門が能動的に活動できる可能性
A	親会社が一元管理［親会社に権利譲渡］	大	大
B	親会社が一元管理［親会社に信託譲渡］	↑	↑
C	親会社が一元管理［業務委託］	↑	↑
	グループ会社分散型	中	中
D	子会社が一元管理［信託譲渡］	↓	↓
E	子会社が一元管理［業務委託］	小	小

　グループの知的財産の一元管理においても、可能な限り、知的財産部門が、グループ経営の中核の部署として位置付けられ、そして、自主的・能動的に活動できるスキームを選択することが重要と考えられる。

　今後、各企業グループにおいて、グループの知的財産管理のあり方を検討する場面が想定されるが、各企業の事情に応じて妥当なスキームを選択することになるが、知的財産業務の有する特徴（前掲、表Ⅳ-1）を踏まえスキーム構築を行うことが重要と考えられる。

参考文献一覧

[1]「知的資産経営時代における知財部門の担うべき役割―知的財産マネジメントのすすめ―」（知財管理 vol.56）

第Ⅴ章　教育産業、フランチャイズビジネスから見た経営と知的財産のリンクとその実態

株式会社　拓人
取締役管理本部長　植草　健一
（Ⅴ-1節、Ⅴ-2節、Ⅴ-3節）

的場特許事務所
所長弁理士　的場　成夫
（Ⅴ-4節）

要約

　一般的に、メーカーと非メーカーでは知的財産のポジショニングが異なる。そして、企業経営サイドから見ても「生きた知的財産」をどれだけ生み出し、経営のプラス要素にできるかは実際の現場ではこの部門での生命線とも言える。

　そこで今回この企業の実践の場から知的財産部門の重要性について一つ見解を纏めてみた。また、そうした企業内の経営にリンクした知的財産活動について専門的見地から、的場弁理士にも気付いた点を文章化していただいた。両者の文章、内容をＭｉｘしていただくと現場の姿、思考が明確化されるであろう。

　非メーカーにおける知的財産部門の捉え方によって経営に直結して、企業成長に結びつく観点は教科書的なものがないだけに企業トップのスタンスが問われる。

　そこでは「生きた知的財産」がキーである。

第Ⅴ章　教育産業、フランチャイズビジネスから見た経営と知的財産のリンクとその実態

V-1　教育産業と知的財産

　教育産業とは、商業統計＜経済産業省＞・業種別貸出審査事典＜金融財政事情協会＞等で主に学習塾・予備校等の補習進学教育、資格取得を目的とするライセンス教育、パソコン・英会話・スポーツ教室等のカルチャー教育、そして企業教育の4分野に区分される。

　また、対象による区分で考えると、幼児、（小・中・高）学生、成人（主婦・就業者）、シルバーの4区分、あるいは、個人、法人という区分で分類化されている。

　さらに、教育というサービス提供をネット形式で行うものも最近多くの企業、団体で取り入れており、一言で教育産業と言っても、出版社、学校（私学）も含めれば幅広いものを示していることになる。

　教育産業は、現在上記4分野をトータルすると産業規模としては3兆円市場になっている。この産業規模の背景には、学齢人口の減少、少子化の問題があり、文部科学省の「学校基本調査報告書」によれば2005年度の生徒数で、過去5年間の生徒数推移として小学生1.3％減、中学生9.1％減、高校生11.1％減であり、学習塾、予備校などには直接的な打撃要因であると言える。

　こうした中で、時代のニーズも変化してきており、この業界に求められるものが以下のようになってきた。

・　個別対応サービス・・・まさにONE TO ONEの対応で生徒（消費者）、保護者のニーズをキャッチして、いかに満足のいく教育、指導ができるのか、

また、そのフィードバックが随時的確に行われるのかがポイントとなる。
・ 対象者層、エリアの拡大・・・これはいつでも、どこでも、誰でも、という今までの先入観にとらわれない観点から様々な教育、サービスを受けられるかというもので、子供から大人まで地域性も加味した中で展開が求められる。
・ クオリティ（品質）の維持、向上 ・・・講師、指導者によって教育、サービスの提供内容が異なってくると、当然、満足度が低下してくる。ある一定のクオリティの維持と教える人の資質の向上、経験のみに依存しないノウハウの確立も当然必要である。

では、本題としてこのビジネス構造上、知的財産がどのようなポジション、認識かというテーマに対しては、メーカーなどとは異なり、まだまだ推進、発展させていかなければいけない点が多々あると言える。

例えば、教え方（教授法）一つ想定しても、各々企業、団体ごとに一定の方針、スタンスに沿って、様々な構想を練った上で展開、実践されているが、形式、ノウハウ的な発想を独創的にキャッチした中で、権利として主張できるもの、また保護されているものが少ない。そしてそれ自体どこまで意味のあるものなのかが疑問視される。

また、この業界独特の人材、講師依存型のビジネスノウハウと勘違いされているのが、まだ多くの領域で散見されるのも現実である。勿論、人材の育成なくしては無形のサービス提供役務である"教育"というビジネスは成立しないし、発展もない。問題としては時代が求める変化に気付いた中で知的財産的観点による自分達のものにしていくという発想、認識を持てるかどうかではなかろうか。産業構造上、個人事業主が７割とも言われている土壌でこれからの企業、団体としての"勝ち組に入る"また"生き残り"には絶対に確固たるオリジナル性豊かな知的財産が必要である。

2002年度からゆとり教育がスタートして、さらに学校教育と民間教育に求められるもの、スピードが鮮明化されてきた。社会現象とも言うべき"ニート"、"リストラ"そして"少子化"。これら全て人に関するテーマであり、教

育にも隣接する部分が多々ある。

　最近では公教育に民間の力が注入され、教育産業市場も10年、20年前とは様変わりしてきた。そして、消費者が教育サービスを受けた結果、能力の向上があったのかなかったのか、目標（志望校合格、資格取得など）達成したのか、しなかったのか、また満足度が高かったのか、低かったのかは次回以降の営業活動、数値に間違いなく反映される。こうした動きは他の業種、業界でも同様であろうが、教育という形の残らないビジネスではなおさら日々の積み重ねが重要とされている。それゆえ、"ニーズ対応・オリジナルコンテンツと知的財産の開拓"が企業経営にどのように影響するかが経営者サイドとしては一番重要視される。

　この「生きた知的財産」の保有が他社との差別化を生み、認識されにくい消費者感覚のズレを抹消、軽減できる。逆に言えば、オリジナル性のない商品サービス、教育内容では生き残りは厳しい。「生きた知的財産」がもっと出てくれば教育産業はさらに活性化されていくであろう。

V-2　フランチャイズビジネスと知的財産

　日本のフランチャイズビジネスは、不二家、ダスキンが1960年代に現状のビジネスモデルの先駆けとして展開を始めてから、外食産業、コンビニ等、今や店舗チェーン展開のシステムとしては欠かすことのできない存在になってきた。

　フランチャイズビジネスとはフランチャイザー（本部）がフランチャイジー（加盟店）との間に契約を結び、本部の商標、サービスマークや経営ノウハウを用いて同一のイメージを与え、一方、フランチャイジーは一定の対価（ロイヤルティ）と加盟金等を支払い、本部からのノウハウ、経営指導のもとでビジネスを継続的に行えるという相互ビジネスシステムを指すが、この各々のビジ

ネスパッケージの中で知的財産に隣接、もしくは直接関わる領域が多いのも事実である。

2003年度におけるＦＣ統計調査＜(社)日本フランチャイズチェーン協会＞によれば、フランチャイズ本部に加盟してフランチャイズビジネスを展開する末端の店舗数は、コンビニ・医薬品・書籍・自動車・衣服等の小売業で79,498店舗、ファーストフード・レストラン・コーヒーショップ・居酒屋等の外食業で53,322店舗、そしてレジャー・学習塾・住宅構築・印刷・クリーニング等のサービス業で87,890店舗、以上トータル220,710店舗となっている。この2003年度の総店舗数は10年前の状況と比較して57.8％増で、産業、企業が成長していく上で有効な手段として取り上げられ、世の中に普及するスピードが早く、また、そのビジネスニーズがあった事が数字上で証明されているだろう。

では、どうしてフランチャイズビジネスがここまで日本の経済、産業、企業発展に寄与してきたのだろうか。

まず、自分で何もないゼロの状態からスタートして、他社と競合しながらビジネス展開させるのはそう簡単なことではない。ビジネスには商品力、営業力、認知度、知名度など必要とされるモノも間違いなく存在している。そうした中で、通常フランチャイザーには経営理念、ビジョンに始まり、高い収益性に結びつくノウハウ、コンテンツがある。そこには成功体験や商標（マーク）も含まれるのだが、そのノウハウ、コンテンツがフランチャイザー企業のオリジナル化されたもので、また差別化要因ともなる知的財産に属するモノであったとすれば、その市場価値は高く、フランチャイジーとなる事を検討している候補者・事業主の反応は、大変プラスの方向に転換していく。

やはり、フランチャイズビジネスの中でフランチャイザーの経営理念に賛同し、フランチャイジーとなる事でそのビジネスモデルを事業、ビジネス実践できるというチャンスは、近年における一つのキャッチニーズになっていたと思われる。しかも、そのノウハウを使って自分のビジネスをスタートさせたいエ

リアで展開できるとなれば、事業主としては一挙に多くの武器とも言えるものを味方にすることになる。

　そこで私はフランチャイズビジネスで「生きた知的財産」のポイントをフランチャイザー各々のノウハウ、コンテンツの差別化から判断できると考えた。

　勿論、フランチャイザーとしてビジネス展開している多くの企業は、ビジネス特許、実用新案、商標権などを出願、登録し、商品のオリジナル化と他社との差別化をしてきている。だが、そこに本当の意味での市場価値の高い差別化要素がどれだけあるのか、それが問題である。

　ここに一つのマニュアルがあると仮定する。それは、ラーメンチェーンのあるヒット商品の作り方が書かれているマニュアルだとする。フランチャイジーは当然、そのマニュアルに沿ってヒット商品のラーメンを作り、「この味は自分達のチェーンだけのものだ。」と主張、アピールする。だが、ライバル店の人がそのラーメンを食べて、何かをヒントにしてその味以上のラーメンを開発し、商品化すれば、客は当然味のいい方を選び、前者の店の好調は短期間しか維持できなくなる。こうした局面、内容は日常的に起こり得るが、当たり前に起こる事だから仕方がないというのではなく、特許等で防御、囲いこみをする上で、フランチャイズビジネスの場合、フランチャイザーが常に新しいビジネスノウハウ、コンテンツを開発していくイノベーション的な機能が必要であり、これはフランチャイズビジネスではフランチャイザーの生命線とも言うべき「生きた知的財産」といえるだろう。

　フランチャイザーは自社コンテンツ、ノウハウが特許取得等出来ても、基本的にはそれだけでフランチャイジーから対価を得るというのは少ない。通常、チラシ、看板、備品、什器等の商品売上収入以外では、システムやノウハウの継続的使用に対する対価と経営指導を受ける為の費用としてフランチャイジーからフランチャイザーへ売上の数％が支払われるロイヤルティ収入がある。このロイヤルティこそが、フランチャイズビジネスにおける重要な経営指標、数値であり、フランチャイザーの「生きた知的財産」がどこまでフランチャイ

ジーを介して消費者まで浸透し、満足度、信用度等を高めているかが明確になる。

　フランチャイズビジネスで成功しているフランチャイザーには間違いなく、この「生きた知的財産」が存在する。他業態、他業種の知的財産にも同様の位置づけや定義化されたものがあるが、気がつけば、ここまでどこにでもフランチャイズチェーンが拡大してきた現在では、消費者の心は大衆化されたノーマル商品ではなかなか動かない。

V-3　企業経営の実際と知的財産

　では、ここからは知的財産が企業経営の実際にどのような影響を与えているのか、もしくはどれくらい重要性があるのかを実践的、経験上の見地から検証してみたい。

　私は、株式会社拓人（以下「当社」と記す。）取締役管理本部長として、実際に経営者の一員として様々な経営判断をして、企業発展に結びつくような役割を果たし、また、そこで1枚も2枚も見識を深め、未知なるベンチャー的な領域に対してもアグレッシヴに挑戦してきた。当社はそうした中でフロンティアスピリッツを持ち得た組織体へとグレードアップしてきた。

　当社は1989年設立、コアな事業内容としては学習塾、英会話、幼児教育の直営、及びフランチャイズ展開である。会社設立時より、個別指導型の学習塾の直営展開を千葉、神奈川、茨城、東京で繰り広げ、1997年にフランチャイズビジネスをスタートさせて、全国展開を図ってきた。2000年には100スクール、2002年に300スクール、そして2005年には500スクールをチェーン展開するまでに至った。近年の少子化問題と教育ニーズの多様化に対応して、ここ5年間で英会話と幼児教育のビジネスノウハウ、パッケージを完成させ、やはり直営、フランチャイズ展開を図ってきた。当社のビジネスパッケージの特徴

としては、一つのテナント、フロアに学習塾、英会話スクール、幼児教室を展開、運営していくことが可能な"三毛作"経営である。

こうした展開をして成長を続ける中で、いくつかの企業における知的財産コンテンツとも言うべきノウハウを確立できたのには、様々な経営現場の発想や思い、そして実践の日々があったわけだが、前述した教育産業、及びフランチャイズビジネスにおける「生きた知的財産」が結果として、企業経営の数字にリンクしてこなければ、現在の当社の姿はなかったと言える。そこで、いくつか経営の実践で経験した経営者サイドの知的財産的思考にふれてみたい。

まずは、第1パート、企業の頭脳とも言うべき存在、「組織・人事」である。なぜ、企業経営における知的財産的コンテンツとして組織、人事かと言えば、組織のとらえ方、人員の配置、人材の採用、研修など企業のトップの経営的頭脳により決定される組織、人事によって社員ひとりひとりがどういう立場に立ち、役割を担うかが、まさに企業実績として結果的にキックバックされるからである。主にベンチャー、中小規模（社員100名前後）ではこうした傾向が見られる。営業系セクション中心に社員を配置し、商品開発、管理マスターは数人で回す企業で、効率的に差別化された商品を販売していくには、商品開発セクションのマンパワーに頼らざるを得ない。勿論、その結果、差別化できなくて失敗するという事もあるだろう。要するに企業トップによる組織、人事の考え方、タイムリーな登用、配置で業績という折れ線グラフのベクトルは右上方向へ進んでいく。

当社でも、フランチャイズビジネスを立ち上げる前の1、2年は、社長、当時の役員、幹部はノウハウ、コンテンツ構築に没頭し、教室長、講師、本部スタッフの声を聞き、組織としても強いフランチャイズ本部となるべき配置転換を積極的に行った。こうした背景には、企業として求めるノウハウは実際の現場、スタッフの中にあるという考え方が根底としてあったのだが、これが当社のフランチャイズ本部としての特徴である。私は当時直営スクールのエリアブロック長であったが、フランチャイズオーナー候補者数人とも、商談の場でス

クール成功の秘訣や教室見学、具体的な経常数値の説明、プレゼンテーションを行った。当社において1997年、1998年頃のフランチャイズの成功基盤作りの組織的ノウハウ（開発、スーパーバイザー等）として確立できた思考が、現在の組織にも反映されてきている。ここに「知的財産≒人事」という企業ごとに独特な数式が当社にも基準化、明確化されたのである。

次に、第2パートとして知的財産分野（ビジネス特許、実用新案）の申請、出願をして同業他社との差別化を目指し、開発されたのが、ＥＴＳ（Environment Test System）やる気アップシステムとＰＣＳ（Personal Curriculum System）成績アップシステムである。

この二つのシステム開発にあたっては、教育業界として差別化しづらいとされる授業指導方法や教材、テスト開発などの従来学習塾が掲げてきたテーマ、内容とは異なり、当社が個別指導型学習塾を直営、フランチャイズ展開している点を最大限活かし、生徒ひとりひとりの現状にフィットした指導、提案ができるようにシステム化することが要求された。

ＥＳＴやる気アップシステムは、生徒のやる気を引き出し、自らの意思により学習に取り組み、成功体験を積むことにより、色々な物事に対しても積極的にチャレンジできるようにするのが本当の目的で、やる気を起こす為の要素（達成感、目標設定、興味等）を多様化した心理カウンセリング的システムである。

個別（生徒1、2名）形式の場合、当然のことだが、その生徒の事をたくさん知り、目的、目標を明確化し、自分にあった学習法を見つけ、習慣化させることが求められる。そこで、生徒自身の環境や性格、思考、そして学習能力、生活習慣等も分析することで、授業を担当する講師と相性のよいセッティングを行い、保護者との共通認識を持てるのだが、これはその有効なツール、コンテンツである。カウンセリング、児童心理学を専攻していない教室長、オーナーでもＥＴＳ帳票で様々な項目がカルテのように出力され、オリエンテーション、面談等で利用されている。

また、ＰＣＳ成績アップシステムは、定期的に生徒が学習した単元を総チェックして、学習の優先順位を決定し、個別カリキュラムを作成するシステムである。これはまさに生徒個人の学習のつまずきを早期に克服し、どこで理解ができていないのかを見出すには一元化されていて、感覚的な指導をする事を回避することが可能だ。当スクールの保護者にも学校の先生の方も多数いらっしゃるが、このシステムを利用する子供を見て、このＰＣＳ成績アップシステムに大変共感される。学校等の集団型指導の場合、生徒ごとに以前の単元に戻って、個別にやり直すということは現実的に難しい。それを講師のマンパワー、経験等に頼るのではなく、システム的にひとりひとりに対してどこからやり直すべきかを明示できるので、個別形式の教育にはジャストフィットする。

　当社は、この二つのオリジナルシステムの知的財産における囲いこみと営業戦略上コンテンツの差別化アピールにより、成長企業としての礎を築く事ができた。しかし、これら以外にもオリジナルコンテンツはあるが、知的財産領域を意識して当社が組織、人事と共にコア、コンピタンス経営の重要性を自覚できたのは、表面上の真似はできるかもしれないが、中身の部分はかなり濃度の高い"無形から有形のサービス提供役務"へと確信したからである。

　そして、第３パートとしては、やはり当社におけるフランチャイズビジネスに対する位置づけ、定義である。

　当社は平成1997年にフランチャイズビジネスをスタートして、現在まで一貫してこだわる思いがある。それは"強い直営"へのこだわりである。フランチャイズビジネスでは、直営で展開しているノウハウ、ビジネスモデルを、そのままフランチャイジーの店舗、スクールにおいて同品質で実践、営業できるかが重要なポイントである。一部のフランチャイザー企業では、直営をほとんど保有、出店せず、ノウハウ、コンテンツ、開発だけを行うケースもあるが、やはり直営が成功しているか、していないかは、長い目で経営をとらえると生命線とも言えるハードルになるであろう。フランチャイザーは常にフランチャ

イズビジネスにおける知的財産のノウハウ、ビジネスモデル、オリジナルコンテンツ等を継続的に改善、改良し、さらに新規開発を行って、フランチャイジーに対して提供していかなければならないのだから、当社の"強い直営"へのこだわりは、自然的発想であるかもしれない。

しかし、現実は言葉で表現するのとは異なり、そうは容易には"強い直営"は作れない。マーケティング力、営業力、教務力等、総合して競合他社に勝つには、やはり差別化されたオリジナルコンテンツ、ノウハウが必要である。

これがフランチャイザーとフランチャイジーのフラインチャイズ契約期間における釣り針のカエシの存在となり、契約満了とともにフランチャイジーが契約を更新せずに脱退、離脱することがないよう、その検証結果とも言える"強い直営"の存在はフランチャイザーにとって必要不可欠ではなかろうか。たとえ契約期間中であっても、フランチャイザーの経営的視点から見て、フランチャイジーがそのビジネスに失敗すると、ロイヤルティ、商品（チラシ、備品等）売上が減少し、フランチャイザーにとってもダメージが発生する。

こうした点から、当社のフランチャイズビジネスにおける知的財産のあり方は変わることはないと言える。

以上、三つのパートが企業の取締役という立場で実践し、構築されてきた企業経営における知的財産、ノウハウの切り口である。現在に至る過程の中で私が実感しているのは、経営者における知的財産の重要性の認知である。大企業の知的財産マネジメントとは違い、ベンチャー、成長企業では知的財産部門の人材がいないケースも多い。しかし、会社を動かす経営者（取締役）自体がビジネスを思考し、展開していく上でもっともっと「生きた知的財産」を社内に発生させなければならない。逆に言えば、強い企業には他社と差別化された知的財産の存在が間違いなくある。教育産業フランチャイザーの当社も1,000スクール、2,000スクールへとチェーン展開を推進していく上で、そうした努力を惜しまず、継続していく所存である。

V-4　フランチャイズベンチャーの組織と知的財産

　知的財産が経営のツールの一つであり、その経営ツールをフランチャイズベンチャーの企業幹部がどう使いこなすか、について、拓人社における社外の弁理士として気をつけたことについて列記してみる。

V-4-1　二種類のライバルの存在
　一般に、会社経営において同業他社を意識し、同業他社に負けない、同業他社に勝つために何をするか、を経営幹部が考えるのは当たり前である。
　したがって、知的財産分野において何をするのか、という戦略立案、戦術についても、同業他社に対して攻める、守るというツールを用意し、ツールをどう使うかを考えることとなる。すなわち、同業他社であるフランチャイザーに対して差別化の源となる特許や商標を出願し、権利取得をする、といったことは必須である。
　ところが、フランチャイズビジネスの場合、同業他社だけがライバルではない。各フランチャイジーが物理的な近隣にて競合する零細な競合会社に対して、攻める、守るというツールとして知的財産戦略を、フランチャイザーとして考える必要がある。
　なお二種類のライバルが存在するということは、フランチャイズビジネスにおける経営幹部にとって当たり前すぎることであるがゆえ、社外の弁理士は気付きにくいかもしれない。

V-4-2　コンテンツビジネスと知的財産戦略
　コンテンツが重要である産業は、ビジネスのソフト化（第三次産業へのシフト）とともに、非常に増えている。コンテンツビジネスの場合、オリジナルのコンテンツを、前記した二種類のライバルにどうすれば模倣されない

か、を立案することが守りの知的財産戦略となる。

ところが、コンテンツそのものは著作権法を使わざるを得ず、絶対権ではない著作権では守りの武器としては弱い。

また、二種類のライバルに対して同じ戦術を採用することも適切ではない。

そこで、二種類のライバルにどういう戦術で対抗するか、経営幹部の方、システム部門の方々とミーティングが重要な意味を持つ。

(1) 情報処理システムに関する特許出願

コンテンツビジネスにおいて企業規模を拡大させることができる武器が何であるか、を列挙し、「技術」という側面を持つネタを絞り込む。冷静に且つ客観的に考えれば、情報処理が画一的に行えることに鍵がある。とすれば、その情報処理技術にオリジナリティがあれば、特許のネタとなる、ということになる。

単なる情報の大量処理、高速処理では、「単にコンピュータをコンテンツビジネスに適用したに過ぎない」ということで、特許の対象とはならない。コンテンツの独自性は著作権法の保護対象になり得るが、コンテンツの独自性そのものは特許の対象とはならない。

しかし、その業界においてライバルが手を付けていない情報処理方法があればこそ、ライバルと戦えるのである、と考え、独自性を見出せる情報処理が潜んでいないか、あるいは独自性を追求したシステム開発が行えないか、という視点を大切にした。それを何度もシステム開発部門の方々にお話しして、アウトプットをお願いし、そのアウトプットを用いて特許出願につなげることができれば、門前払いの特許出願にはならないはずであろう。

特許出願をすれば、その出願対象が特許とならないと確定するまで、審査請求期間プラス審査期間という時間が掛かる。

この時間は、同業他社としては、大っぴらに真似してくることは考えにく

い。企業コンプライアンスが問われるようになった昨今、業界大手と呼ばれる同業他社が、特許権侵害のおそれがある、という模倣行為は実行し難いだろうと考えたからである。牽制効果のあるうちに、コンテンツの本質で勝負すればよい、という結論を導いた。

(2) 実用新案登録出願の活用

　物理的な近隣にて競合する零細な競合会社というライバルは企業コンプライアンスと縁遠いので、特許出願の効果は薄いと考えた。それでは、他の対策が打てないか？

　そこで、フランチャイジーのライバルとなる学習塾の営業スタイルを注意深くインタビューしてみた。
何を真似てくるのか、ということを技術的なポイントとして捉え直すこととし、そのポイントについて実用新案登録出願をする、という戦術を経営幹部に提案した。
実用新案登録出願であれば、4ヶ月ほどで登録される。その登録番号とともに「模倣行為は実用新案権の侵害となる」という旨を、パンフレットに入れるというものである。

　採用されたこの提案により、ライバルによる模倣行為はかなり抑制された。

(3) 社内へのインパクト

　特許出願や実用新案登録出願を実施することによって、会社の姿勢や考え方を社外にアピールするという効果は、一定の成果を上げた。だが、それだけではない。「会社の知的財産は大切である」という社内に対する経営陣のメッセージとなった。

　つまり、社員の学習ツールとなったという効果は見逃せないのである。

　特許を取得できなければコンテンツを守れない、この程度のシステムでは

特許取得は難しい、といった漠然とした雰囲気が開発スタッフの中にあったとすれば、いくつかの出願の準備作業を通じて改革されたように見受けられる。特許取得という結果ではなく、出願準備を通じて他社の事例を学んだり、特許制度そのものを学んだりすることで開発スタッフがレベルアップしたのであろう。

現在では、せっかく開発をするのであるから特許出願ができるような商品を開発しよう、という独創性の追求や、独創性は小さいかもしれないけれども開発投資効果を高めるために他社対策が重要であるから特許出願のネタがないか、と探求する姿勢が開発スタッフの中に芽生えていると感じられる。

(4) まとめ

上述した戦略、戦術について纏めてみる。

まず、ライバルには二種類が存在するという分析である。

次に、ライバルごとに知的財産を使った戦術を異ならせるべきであるという分析である。経営的視点に立脚できるか否かという弁理士サイドのセンスに依存すると思われる。

最後に、弁理士サイドからの的確な戦術の立案提案とそれをすぐに検討していただける経営幹部とのチームワークである。こうしたチームワークを可能とするには、弁理士サイドからすると、経営幹部への提案が届くという企業規模であること、係る提案を検討していただける信頼関係が構築されていること、などが前提条件となる。今回の研究テーマ「企業の知的財産部と他部門との関係」に対する一つの結論でもある。

なお、出願行為を通じての社内の開発スタッフに対する教育的効果が派生することは、極めて重要である。特許制度の基礎教育、独創性の尊重など、「知的財産戦略の土台となる知的財産センスのある人材育成」に直結するからである。

第Ⅵ章　企業の商品開発活動における事業部知的財産の役割

元　シャープ株式会社

大谷木　國興

要約

　近年、グローバルレベルの競争関係の中でのビジネスを余儀なくされる分野において、差別化仕様を実現するための出願の推進、標準化プロトコルへの対応および新規機能のインテグレーションといった業務を遂行するにあたり、事業部に直結した知的財産部門は、事業部内の開発部門への出願支援、ライセンス契約活動あるいは共同出願対応などに多くの知恵と労力を注ぎ込む必要が生ずる。

　これらの必要性は、平成17年度特許庁大学知的財産研究プロジェクト報告書（特許庁、2006年）にも述べられている通り、企業活動と知的財産部門との乖離を避け、ベネフィットセンターである商品企画／研究開発を含む事業部活動の中に、知的財産機能が有機的に組み込まれることが、重要な要素であるとの考え方に基づくものである。

　本章においては、特に携帯電話事業に関わる上記課題に関し、参考事例を含めて現実に生ずる問題とそれに対する方策を紹介すると共に、今後予想される問題点／課題と国際的協業における事業部知的財産の役割についての提言を試みる。

第Ⅵ章　企業の商品開発活動における事業部知的財産の役割

Ⅵ-1　現状と課題（生じている問題点と事例）

　事業部知的財産の動き方は従来、出願推進、中間処理、係争対応および特許ライセンスを主な業務として、本社知的財産の各対応部署との連携にて機能するものであり、事業部からの出願依頼やライセンス対応の依頼に対して起動する受け身的な動きが主であった。

　しかし、スピードとメガコンペティションにさらされている事業部門では、事業部知的財産が有機的に活動し、次世代商品の開発に向けて日頃からマーケット情報および技術トレンドをウォッチングし、商品企画、デザイン部門および開発部門と連携して先手を打って行くことが必要となってきている。

Ⅵ-1-1　概要

　例えば、有機的に活動する事業部知的財産の動きは、これを中心に見たときに、広くて簡単には見渡せない大海を、事業方向を探るため自ら先頭を泳ぎ進み、関連する事業関連部門（周りを泳ぐ魚たち）を引き連れて新規商品の市場投入を推進する"マンタ"（図Ⅵ-1参照）のような存在に例えることができる。

　近年日本においても、MOT推進活動の中において、ステージゲートプロセスに基づく、マーケティングから商品の市場投入までのマイルストーンを各ステージに階層化し、その中における知的財産活動を明確化して行く試みが行われるようになっている。

　このフレームワークにおいては、各ステージにおける知的財産活動と研究開発活動、マーケティング、フィージビリティスタディ、特許調査、先行出

【図Ⅵ-1】

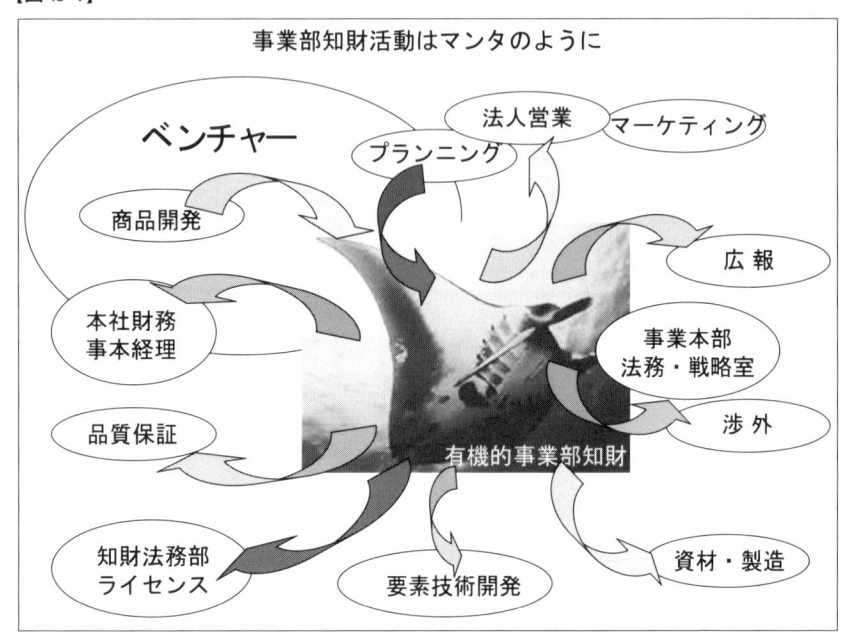

> 事業部知財活動はマンタのように
>
> ベンチャー
> 法人営業
> マーケティング
> プランニング
> 商品開発
> 広報
> 本社財務事本経理
> 事業本部法務・戦略室
> 品質保証
> 渉外
> 有機的事業部知財
> 知財法務部ライセンス
> 要素技術開発
> 資材・製造

願、事業化検討における契約業務および商品開発の一連の流れを体系化し、各組織、とりわけ事業部機能と知的財産活動が密接にリンクすべき重要課題であることが従来から提言されている。

本章では、現実の携帯電話の事業部での活動の中でポイントとなる事項について、事例に基づいて説明するとともに、問題提起を行う。

Ⅵ-1-2 先行出願推進支援の現状

R&Dにおけるステージゲートプロセス（**図Ⅵ-2**参照）の第一段階である「技術動向と市場動向に関する調査」（**図Ⅵ-3**参照）においては、携帯電話において想定する新商品タイミングでの魅力的機能やデザインコンセプトを論じ、それに必要な新技術を適用した商品をイメージすることになるので、先行出願すべきアイデアが広く創出される。

【図Ⅵ-2】

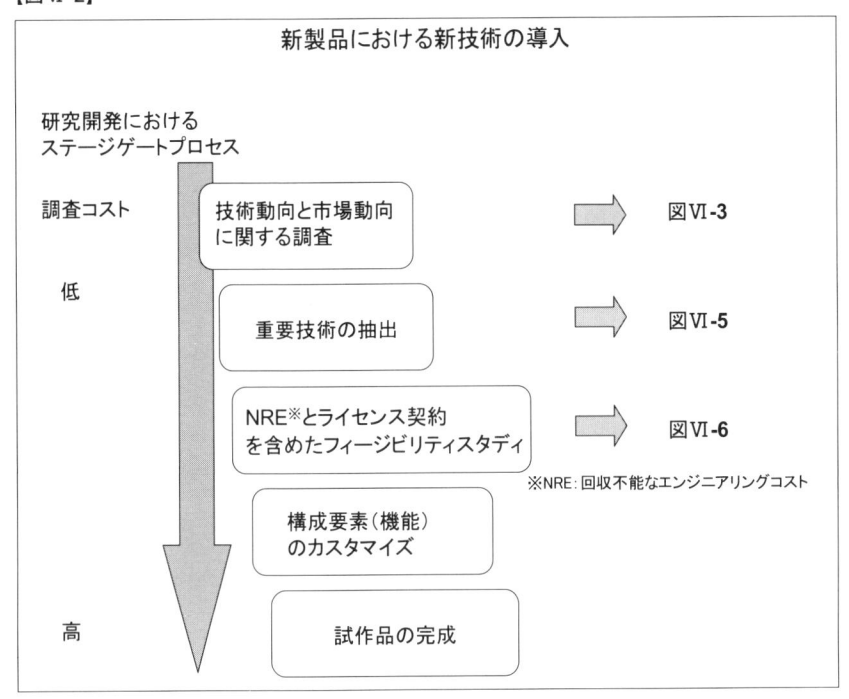

新製品における新技術の導入

研究開発における
ステージゲートプロセス

調査コスト

低 → 技術動向と市場動向に関する調査 → 図Ⅵ-3

重要技術の抽出 → 図Ⅵ-5

NRE※とライセンス契約を含めたフィージビリティスタディ → 図Ⅵ-6

構成要素(機能)のカスタマイズ

高 → 試作品の完成

※NRE：回収不能なエンジニアリングコスト

したがって、これをでき得る限り先行出願に結びつけることが、事業部知的財産の大きなミッションとなる。

しかし、多くの場合、商品企画担当者や開発技術者は、商品の市場投入のため忙殺されている中で、次世代商品のこの調査検討ステージに参加することになるため、先行技術調査や発明明細書作成は図Ⅵ-4に一例を示すように、出願作業の各段階で、できる限り、出願プロモータやアウトソーシングによりカバーする方法も取られる。

● 出願プロモータやアウトソーシングによる支援の実際（図Ⅵ-4参照）
　イ）開発機種やシリーズ横断的な機能毎の出願での特許出願コンセプト作り：新機種特有の仕様やシリーズ機種で共通に採用する新機能について、出願提案会議においてアイデアを出し合う場合に、その開発リー

【図Ⅵ-3】

技術動向と市場動向の調査

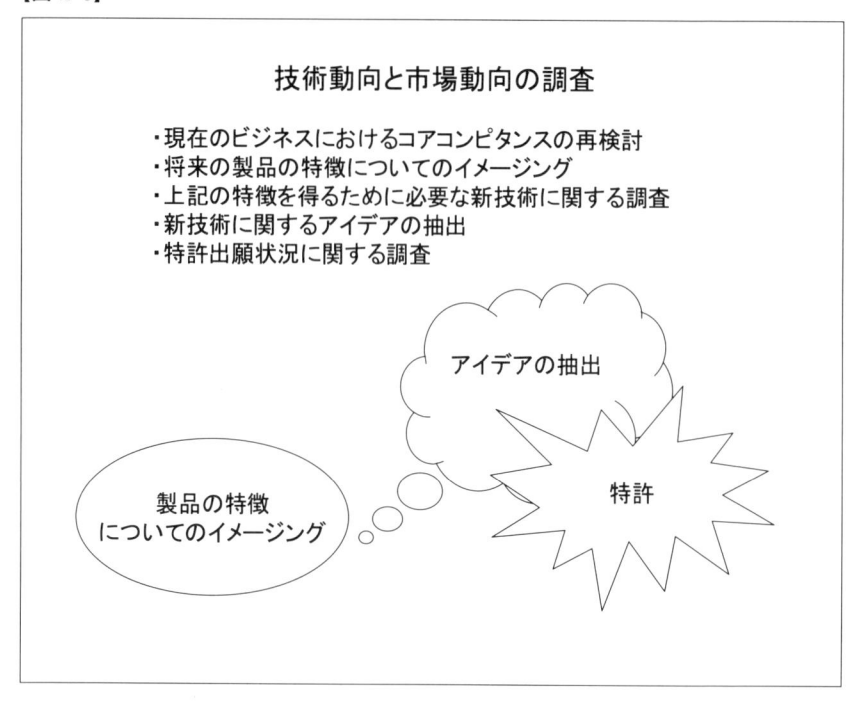

・現在のビジネスにおけるコアコンピタンスの再検討
・将来の製品の特徴についてのイメージング
・上記の特徴を得るために必要な新技術に関する調査
・新技術に関するアイデアの抽出
・特許出願状況に関する調査

アイデアの抽出

製品の特徴についてのイメージング

特許

　ダや企画担当者が出願を意識した特長やコンセプトを示して、出願の指針とする方針を示す目的で、それを整理、網羅する事前会合を持つ。これを経験ある出願プロモータが、アイデア提案会議に先立ってまとめた資料を作成。その資料を第一線技術者や企画マンが論議するアイデア提案会の一週間前をめどに参加予定者に配布する。
　このことで、単に前提なしでアイデア提案のブレンストーミングをする場合に比べ、新商品のコンセプトに即した強い特許出願につながる提案会議を開催することができる。

ロ) しかし、強さの本質的評価については、もっと広い視野で事業部利益、侵害発見性、ブランドイメージへの貢献性など様々な角度からの評価方法を確立して行かなければならないのは言うまでもなく、工業

【図Ⅵ-4】

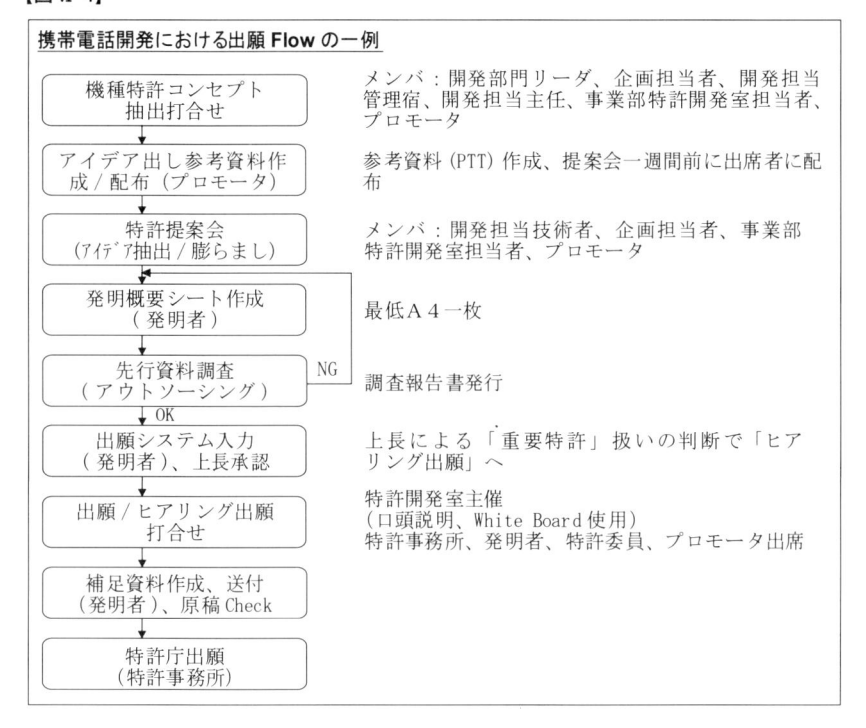

携帯電話開発における出願Flowの一例

```
機種特許コンセプト       メンバ：開発部門リーダ、企画担当者、開発担当
抽出打合せ              管理宿、開発担当主任、事業部特許開発室担当者、
   ↓                   プロモータ
アイデア出し参考資料作
成／配布（プロモータ）    参考資料(PTT)作成、提案会一週間前に出席者に配布
   ↓
特許提案会              メンバ：開発担当技術者、企画担当者、事業部
(アイデア抽出／膨らまし)  特許開発室担当者、プロモータ
   ↓
発明概要シート作成
（発明者）              最低Ａ４一枚
   ↓
先行資料調査      NG
（アウトソーシング）     調査報告書発行
   ↓OK
出願システム入力         上長による「重要特許」扱いの判断で「ヒア
（発明者）、上長承認     リング出願」へ
   ↓
出願／ヒアリング出願     特許開発室主催
打合せ                 （口頭説明、White Board使用）
   ↓                   特許事務所、発明者、特許委員、プロモータ出席
補足資料作成、送付
（発明者）、原稿Check
   ↓
特許庁出願
（特許事務所）
```

　所有権そのもののみならずブラックボックス化された"もの造り"のノウハウも含めてＰＤＣＡサイクルに組み込まれて行くことが、次のコアコンピタンスの素となる重要活動にもなる。

　発明概要シートは、特許コンセプトカードとも呼ばれ、アイデアを出した発明者が自身で発明のエッセンスをA4版用紙に記入するもので、平均的に１時間程度で仕上げることができ、これを基にアウトソーシングで先行資料調査を実施する。

ハ）上記先行資料調査の結果は、判明した類似案件や関連案件の概要が記され、それらとの差異をどういう点で補強すれば良いか示唆する内容の報告書として発明者に返されて来る。

ニ）これを参考に発明者は発明概要シート（特許コンセプトカード）を修

正して、特許出願システムに自分の席からPC入力する。その後は、特許事務所にて出願書類原稿を作成、図面など数点の補足資料を付けて特許庁へ出願の運びとなる。

Ⅵ-1-3　契約活動対応の現状

(1) NDAの締結（NDA：Non Disclosure Agreement）

事業部知的財産の実務者は、事業部利益、会社のブランドイメージ、コンプライアンスおよび締結により生ずる"縛り"を総合的に判断して対応することが求められる。もちろん、これを全て自身で行う必要はなく、コーポレートレベルの組織や他の事業部内の人的資源から協力を仰いで実行することになり、いわゆる「悪役・怒られ役・言い出しっぺ」に徹して、表現が適切かどうか疑問であるが、"こづかれながら"推進することになる。

図Ⅵ-5の「重要技術の抽出段階」においては、最初に実行する課題は、NDAの締結となる。特に諸外国の携帯電話オペレータやハイテクベンチャーを相手にNDA契約を行う場合に注意を要するのは、フィージビリティスタディの段階においても、創出されたアイデアの特許や著作権がどちらの契約当事者にあるか、また、複数契約の場合は、その関連企業をも含まれないかを注意して締結に望むことが必要であるため、事業部利益、会社のブランドイメージ、コンプライアンスおよび締結により生ずる"縛り"を総合的に判断して対応することが重要である。従って、本社知的財産や法務部門および事業部法務部門との密な連携が迅速に行われることが必要なので、その中心には有機的に機能する事業部知的財産が重要な役割を担うことになる。

実際に、携帯電話に関する開発では、オペレータ（携帯電話会社）、要素技術ベンダー、携帯電話製造メーカ（複数の場合あり）が関係する場合が良くあり、さらにそれらの関連企業が契約範囲になることは、珍しくない。

さらに、その後に協業で開発するために技術ライセンス契約を締結する段

階でも、新たに産業財産権の出願に関する課題が生ずる場合を想定すると、技術ライセンス契約書の項目の中に対応する項目を設けて明確化しておくことになるが、NDAに記述した内容が当然影響を及ぼすことから、NDAは急を要する締結作業の中で、最終的なイメージを描きつつ対応することが望まれる。

【図Ⅵ-5】

重要技術の抽出

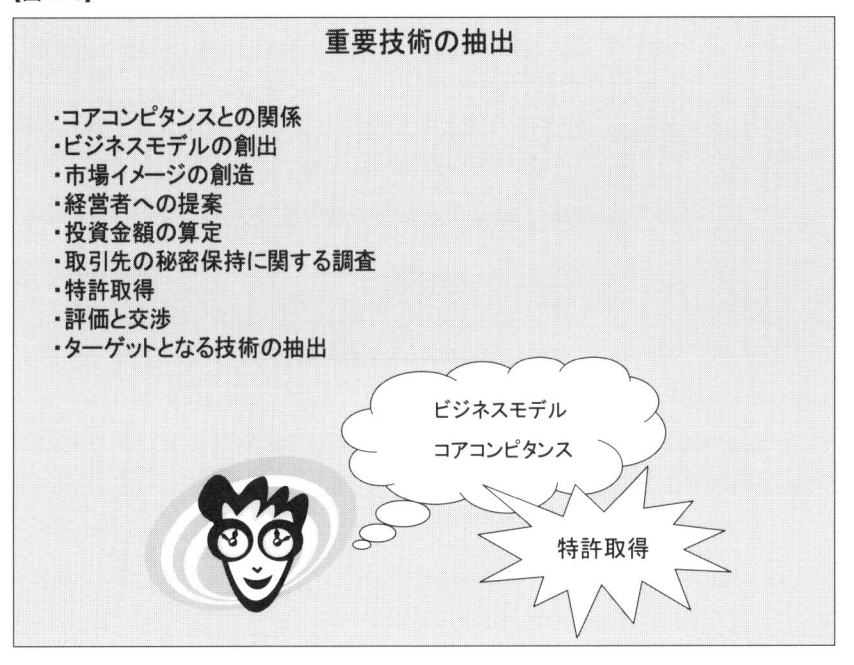

・コアコンピタンスとの関係
・ビジネスモデルの創出
・市場イメージの創造
・経営者への提案
・投資金額の算定
・取引先の秘密保持に関する調査
・特許取得
・評価と交渉
・ターゲットとなる技術の抽出

ビジネスモデル
コアコンピタンス

特許取得

(2) フィージビリティ調査、NRE（NRE：Non-Recurring Engineering）、技術ライセンス契約（図Ⅵ-6参照）

イ）前述したNDA締結により、例えばターゲットとする次期携帯電話に搭載する新機能を達成するソフトウェアを携帯電話のプラットフォームにインテグレーションすることを目指す場合を想定する。

　当該ソフトウェアは、Windowsや他の高級OSベースであったり、

DOS/Vパソコンやパワフルなl'DAのハードウェア上で動作するものであったりするのが、普通である。場合によっては、従来発売された旧商品の携帯電話に試験的に実装してみる実験が必要となって来る。その時は、その旧商品の実機、開発用の評価ボードおよびソースコードを当該ソフトウェアベンダーに貸与し、かなりの人数の技術者を実装作業、動作試験および評価に投入しなければ、フィージビリティスタディは進まない。

　このようなプロセスのため、携帯電話メーカーは必要とする費用を投入して当該ソフトウェアベンダーに調査のための大がかりな実験を依頼する。これを、ＮＲＥ（Non-Recurring Engineering「非循環型エンジニアリング」）と呼び、結果がダメな場合でも投入した費用は還元されない。

ロ）発注側からの貸与物にかなりの知的財産やノウハウが含まれており、当該ソフトウェアベンダーからの問い合わせ対応中に新しい技術で解決する場合が生じ、事業部知的財産プロモータは、注意深くウォッチして、出願要素があれば直ちに全力で支援、出願に結びつけなければならない。つまり、かなりのアイデアが共同出願の対象になる可能性が強い。

　過去、日本国内においては、このようなベンダーは"下請け"の位置づけで、発明に相当する成果物は、全て発注側に帰属することが伝統的に行われて来たが、近年、特に、レベルの高い技術を有するベンダー相手には、旧来の考え方での契約は通用しない。

　それら全てをベンダー側に帰属させる契約や、あるいは出願を禁止する契約もあるのが実態である。

　"出願禁止"とはどういうことかと言うと、安易に共同出願すると、ベンダーは、せっかくＮＲＥの取り組みで携帯電話に搭載できるようになったソフトウェアを、他の顧客に供給する場合に、共同出願したことが大きな障害になる可能性が大きいからである。

【図Ⅵ-6】

```
NREとライセンス契約を含めたフィージビリティスタディ
(例:携帯電話の文書閲覧機能)

・フィージビリティスタディには多大なNREによる困難性の調査が含まれる。
　　→契約で予見し得ない事項が存在

・新旧製品のプラットフォームによる実験
　　→例:CPUの能力不足により所定の性能を満たさない場合がある。

・満足な結果を得た時にライセンス契約が締結される。
　　→ UI (マンマシンインターフェース)、応答性、画質、フォント、キーの配置、
　　　アプリケーションの数、メモリ容量(RAM、ROM)、CPUのクロックレート、
　　　DSP※の有無といった多くの要求事項が存在する。

　　※DSP:Digital Signal Processor

・開発期間、ライセンスフィー、ロイヤリティ、紛争解決、契約期間、保証期間

ライセンサーとライセンシーとの間には大半の契約事項について大きな認識の差がある。
```

ハ) これは、技術ライセンスの本契約の中でも、多く存在することになる。従って次項にて記述する「共同出願」が、技術ライセンス契約に伴って生ずることがある訳で、ここでは発明者所属部門、出願プロモータ、事業部知的財産、本社知的財産、事業部法務部門、担当企画部門、営業部門および経理部門などが、短時間に同期して協力しあうことが欠かせないので、その中心となってマンタのように"出願プロモータを含む事業部知的財産"がアクティブに行動して、まとめ上げる必要がある。

ニ) 技術ライセンス契約に、当該技術に関わる産業財産権のライセンスも含むこともあるが、例えばそのソフトウェアが基本特許(Essential Patent) に関係する場合は、基本特許は別途パテントプール等からライセンスを受けなくてはならない。

ホ) また、その基本特許の技術を当該ベンダーが部分的にＤＳＰ（Digital Processing Processor「デジタルプロセシングプロセッサ」）を使用して実現している時には、ＤＳＰメーカーやＤＳＰのファームウェアベンダーが部分的に特長コードや手法を権利化している場合もあり、これもライセンス対象またはランニングロイヤルティの対象となる場合もある。

ヘ) これらの問題を短時間で解決しつつ、開発ステップと同期して発売にこぎつけることが事業部知的財産に要求されることとなる。これら全てが共同出願契約、個々の導入技術に関するライセンス契約を伴うので、企業間の基本取り決めの取りまとめ、ドラフト作成、これの社内稟議、契約締結およびライセンス料金払い込みなどの業務が発生する。時間との勝負が決め手である。

Ⅵ-1-4　共同出願対応の事例（図Ⅵ-7 および図Ⅵ-8 参照）

ハイテクベンチャーと共に、携帯電話の新機種にオフィスビューワをインテグレーションし、その機能が目玉の一つとなって極めて好調な販売実績が得られた事例を**図Ⅵ-8**に示す。

(1) 概要と視点

競争の激しい携帯電話などのデジタル家電の新しい分野では、企業外の技術を活用するということが非常に重要になってくる。わずかな時間差であれ、半歩先の機能を持った商品を出していくことで利益を確保するため、ハイテクベンチャーの技術というのは非常に重要な役割を持っている。しかし、それは、様々な難しい問題を含んでいる。その中の一つで、特に知的財産に関する苦労話しを簡単にまとめて見る。

ここで紹介するのは、マイクロソフトオフィスのアプリケーションのビューアー機能を携帯電話の画面上で見えるように登載しようという内容で

【図Ⅵ-7】

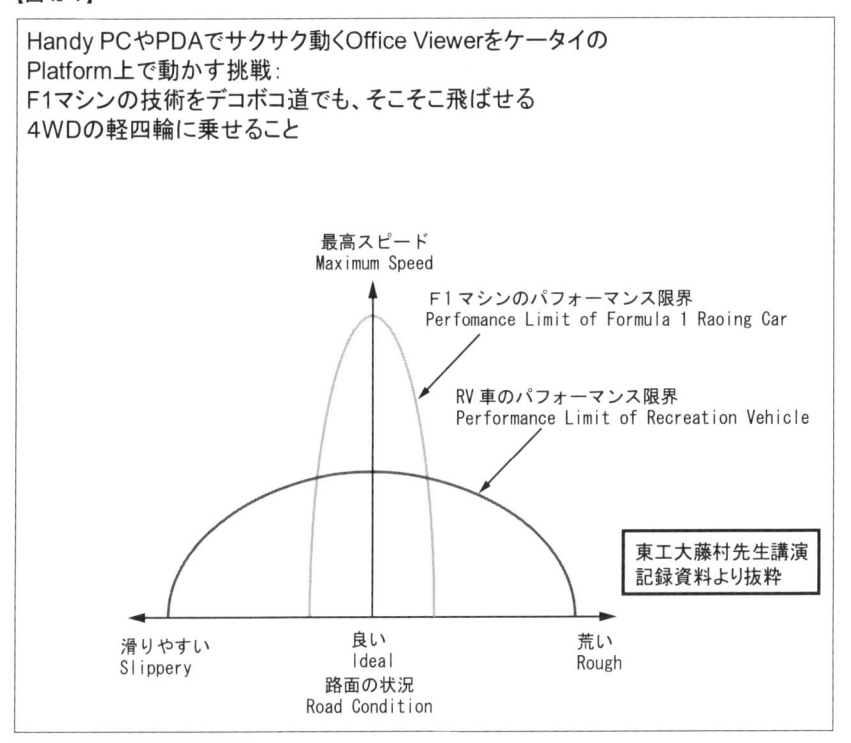

Handy PCやPDAでサクサク動くOffice Viewerをケータイの
Platform上で動かす挑戦:
F1マシンの技術をデコボコ道でも、そこそこ飛ばせる
4WDの軽四輪に乗せること

最高スピード
Maximum Speed

F1マシンのパフォーマンス限界
Perfomance Limit of Formula 1 Raoing Car

RV車のパフォーマンス限界
Performance Limit of Recreation Vehicle

東工大藤村先生講演
記録資料より抜粋

滑りやすい　　　　良い　　　　荒い
Slippery　　　　 Ideal　　　　Rough
　　　　　　　路面の状況
　　　　　　　Road Condition

ある。

(2) 技術的困難の克服

　もともとの技術的難しさは、**図Ⅵ-7**にあるように、ハイテクベンチャーによる卓越した技術のプラットフォームというのは、ポケットＰＣやＰＤＡというものが多いということである。そこは携帯電話と比べると、かなり高度で非常にパフォーマンスの高いものである。それを携帯電話の非常にプアなパフォーマンスのものにインテグレーションするというところが極めて難しいところがあり、こういうところでまずいろいろ苦労が生ずる。

　要は、Ｆ１マシンというのはサーキットコースではすごい性能を出すけれ

【図Ⅵ-8　携帯電話の画面の一例】

> What kind of possibility with Solid State Disk on
> Cellphone
>
> Cellphone
> - Able to ... realize memory cell
>   current chips with only 1 tran
>   Comfo
> - Comp all be integrated into
> - Able t
> - Able t
> - No No be able to be a perso
> - To Re ge Storage Tool. →Y
>   USB memory sticks
>
> 1T technology can realize 1 memory cell on semiconductor chips with only 1 transistor
> - 64 GB SSD shall be integrated into Cellphone until 2010.
> - Cellphone will be able to be a personal & pocketable Large Storage Tool. → You will not have to carry a lot of USB memory sticks anymore.

ども、ちょっとでこぼこ道に来ると、途端に走れなくなってしまう。パフォーマンスがゼロになってしまう。ただし、違う目的でつくられた商用車等は、でこぼこ道だろうが何だろうが、結構使える。ただし、F1と同じコースに出たところでF1にかなわない。

　実際そういうアプリケーションのソフトウェアを例えば一つ前の携帯電話

の機種に提供して乗せてみる。ベンチャーさんは自信満々で取りかかりますが、1カ月たっても2カ月たってもレスポンスが来ない。どうしたのだと聞くと、全然動かないで悩み抜いている。そういうところから始まるというのが常である。

(3) 携帯商品開発・製造側の思惑と共同出願

ハイテクベンチャーのベーシックな機能を持ったビューアーというのがあり、携帯商品開発・製造側は、携帯ユーザにとって便利なユーザインタフェース機能をニューファンクションとして、さらにそこにつくり込む。そういう提案をして、携帯電話として使いやすいものとして磨いていこうということも同時にやるということになる。

実際に知的財産的な要素が出てくることになる。しかし、ハイテクベンチャーが提案してくるライセンス契約のドラフトの中には、両者でやっている間にいいアイデアが出ても、それは絶対特許にはしないでほしいという条件が書かれている。

なぜかというと、非常に良いユーザインタフェースが携帯商品開発・製造側のアイデアで付加されることにはなるが、それを特許にしてしまうと、その後さらにその商品の価値を高めて使われるはずのものが、ハイテクベンチャーにとっては顧客側の権利でその後の営業活動が阻害されやしないかという、非常にこだわる部分としてそういう文言が載っていることがある。そうすると、それを共同出願という格好で出願すべきことなのか、それは自分たちにとって本当にいいことなのかということを非常に悩むという、お互いに違う立場の者がぶつかり合うことが生ずる。

(4) 共同出願の概要

もともとベンチャーが持っているソフトウェアには、図Ⅵ-8にあるような窓を表示して、観る部分を大きく虫眼鏡状に拡大したものを出す機能があ

る。実際、これは、携帯の十字キーを使用し自分でスクロールしてやらないと、このまま止まったままである。そこで筆者らが付加したのは、これが自動的にずうっと動いていくという新しい機能。さらに右端へ行ったら、また自動的に左端まで戻ってくる。それを繰り返して、例えば、図Ⅵ-8の絵だと7行あったら、7回繰り返してくれて終わりになる。これは非常に便利だろうということで載せることになった訳である。

(5) 事業部知的財産の苦労点と位置づけ

こういうことがあって、想像がつく通り、さぞやいろいろなところとネゴシエーションしまくっただろうなというのは多分ご想像がつくとおりである。特に障害となったことは、「何億円もライセンス料を払ったのに共同出願とは何か、金を払っているのだから、筆者らが勝手に出願して当然」といった、ベンチャーに対する旧来の「下請け意識」などであり、今後はこのような意識を変革して行く必要がある。実際、事業部知的財産と言っても所属というのは、ソフトウェア開発部や企画部門であり、いわゆる特許部門というところには所属しておらず、逆にそういう部署にいたことから、上記の新機能を発案したプランニングの担当者に言われて、「特許を出さなければならないな、うちだけが勝手に出したら当然えらいことになるな」と考え、ベンチャーといろいろネゴシエーションが始まったことがスタートであった。

結局この例においては、事業部知的財産が「言い出しっぺ」、「悪者」となって強引に推進したことになったが、これを組織的に処理できる「仕掛け」が必要になると考える。

Ⅵ-2　国際協業における留意点に関する示唆

Ⅵ-2-1　ＬＩＳ活動により見出された中国との協業における新たな見方

＜R.K.Lester 教授の講演から得らたな示唆＞

　2006年2月3日に、ＭＯＴに関わる特別講演が開催（場所：大岡山　東京工業大学）され、ＭＩＴより R.K.Lester 教授が来日ご講演された。また、ＬＩＳ活動のウェブページや他記事においても、Lester 教授が唱えておられることから以下、記述する。

- 香港での国際協業の取り組みは、中国を取り巻く自由世界が、中国を消費財や生産財の巨大消費地域として強く意識して取り組んでおり、現地工場や中国発の人材活用を、中国国内へ向けたビジネスで、中国進出を目論んでいる国の立場から考えているのに対し、香港の取り組みは、「中国で開発・生産される成果物をむしろ自由世界へ発信・輸出・貢献させる立場で考えられていることが、極めて参考になる」と言われている。

- このことから、自国経済とは、中国自身から言うと成果物を自由世界へ供給することにより、自分たちが外貨を得て潤うことを目的に据え、自由世界から技術的、資金的支援を受けながら自立して行くことを実行して行こうとしているということを言っていると考える。当然この大きな流れの中で、技術的、資金的支援を自由世界が実行する段階では、自由経済側が十分"勝ち組"を享受できる訳なので、言わゆる Win-Win の関係は旨く成り立って来ることになる。

- ここで忘れてならないのが、「現地側の立場」に立った思想であることで、この中で大学がこの大きな流れを推進する上で果たす役割が重要であることを、Lester 教授は上記特別講演で語っていた。Lester 教授は、大学が困難な国際協業という課題の中で、カルチャーを交換し、同じ人

間同士として肩の力を抜いて話し合う「共鳴場」を提供することから始めて、最終的に深いレベルでのWin-Winを達成するトリガーになって行く重要な役割を担っていることを唱えていると解釈する。

Ⅵ-2-2　オフショア開発における現状と課題

　近年、中国やインドのハイテクベンチャーなどと、日本企業との間で様々なトラブルが生じるケースが報告されている。

　これら、双方の意識、業務プロセス、文化および説明術により起こる問題は、Ⅵ-2-1に記した、Lester教授が着目され、指摘している問題にほとんどが帰着しているものと考える。その実態の一端を紹介しているウェブ上の記事からポイントを拾い、述べることとする。

(1) オフショア開発の状況と課題

　オフショア開発の最大の魅力は、大幅な原価削減が期待できること。これまでは、システムインテグレータが先駆けとなって、オフショア開発の開拓を担ってきた。これからは発注側としては事業部知的財産などが自ら海外に乗り出して、特に①双方の意識　②業務プロセス　③文化および説明術により起こる問題の壁を乗り越えて、国際協業を軌道に乗せることが重要と思われる。特に今後は、その開発製品の最終マーケットも当該ベンチャーの国であったりすれば、商品コンセプト、仕様、デザインおよびユーザターゲットなどを、開発当初から双方が深く関わって進めることが、ビジネス成功の鍵を握ることになるので、コンセプト創出段階から、事業部知的財産が有機的に機能して、発明アイデアを共同出願して行くことを意識したプロセスで望む必要がある。

(2) 現在トラブルとなっている事項の概要

　日本側の技術者は、外国籍技術者と比べて、顧客の希望や要求を察する感

度が非常に優れており、日本固有の「あうんの呼吸」文化は、外国産パッケージ製品や海外オフショア開発にとって、高い参入障壁となってきた。最近はその弊害がよく指摘されるが、これらは長年日本が育んできた歴史・文化に基づく結果なので、特に恥じることはないことである。しかし、このことが仕様書の不備や相手に対する意識的でない思いこみなどを招き、契約社会がベースとなっている受け手側にすれば、日本の企業からの仕事は変わらないことをさせられる困難さを感じてしまう。

Ⅵ-3 事業部知的財産への役割についての提言（有機的活動を志する知的財産マンへの変革）

これまで述べた事項に基づいて有機的事業部知的財産のあり方について提案する。

Ⅵ-3-1 出願対応
新商品開発コンセプトと共に、技術トレンド、デザイン指向、ユーザ／マーケット動向あるいは"本物マインド"などを出願案件に入れ込む姿勢を醸成していく。

また、強さの本質的評価を行う仕掛けの構築に向けて、広い視野で事業部利益、侵害発見性、ブランドイメージへの貢献性など様々な角度からの評価方法を確立していく。それには専門家である本社知的財産や法務部門の支援を受ける体制整備も含まれる。

Ⅵ-3-2 契約推進
ステージゲートプロセス等を念頭におき、NDAの締結、フィージビリティ調査（NRE）、技術ライセンス契約および共同出願対応において、常に特許マインドを忘れずに、各種解約業務に積極的に参画し、知的財産付加価

値を強化する。その際、特に国際的協業においては、上記「国際協業における留意点」を意識しることにより、無用なトラブルを極力避けて、商品出荷の期限的な制約や開発費用的制約を逸脱しない推進を行う。

Ⅵ-3-3　まとめ

これらの対応をスムースに行うためには、冒頭に説明した"マンタ"のように企業内外の様々な組織に向かって、アクティブに働き掛け、一つ一つの課題を円滑にクリアして行く姿勢が必要とされる。

参考文献

[1] 宮正義「ステージ-ゲートプロセス成功の勘所」、『日経 BizTech』No.3（日経ＢＰ社、2004 年）

[2] 藤本隆宏『日本のもの造り哲学』（日本経済新聞社、2004 年-2006 年）

[3] http://www.21ppi.org/

[4] http://www.nikkeibp.com/nea/july97/julynap/usa.html

[5] http://web.mit.edu/lis/index.html

[6] http://www.atmarkit.co.jp/fbiz/cstaff/serial/offshore/04/01.html

第Ⅶ章　中小企業と特許事務所の連携およびベンチャー経営者と特許事務所の連携

弁理士　的場　成夫

要約

　言及の対象企業としては、中小企業、ベンチャー企業を中心とする。そして、その組織およびその組織における知的財産部門機能と特許事務所との関係について考察する。

　また、知的財産部門の機能とは、知的財産の創造、知的財産の権利化、知的財産の活用の三つ（知的財産サイクル）に大別する。

　なお、中小企業およびベンチャー企業を区別して論じることとしたのは、知的財産の分野において「中小ベンチャー」と一括りにされることが一般的になっていることに対して、「知的財産」を切り口とした場合には違和感があるためである。

第Ⅶ章　中小企業と特許事務所の連携およびベンチャー経営者と特許事務所の連携

Ⅶ-1　特許事務所と中小企業との関係

(1) 現状

　大抵の大企業にとって特許事務所は、専門的な事務を代行するアウトソーシング先である。内製化するよりも仕事量においてコストメリットがあるから、特許事務の一部をアウトソーシングしている（出願数が大幅に増えたり、知的財産関係の訴訟に巻き込まれたりしない限り、そもそも内製化するような発想もないというほうが正しいかもしれない）。

　さて、特許事務のどこまでをアウトソーシングすればよいのか、どこまでは内製しなければならないか、は企業によって異なる。

　知の創造、権利化、活用の三段階サイクルに分類すれば、大企業では、「知的財産の権利化」をアウトソーシングする場合が最も多い。創造や活用は、企業の本質、企業の中核にあるべき、との考え方が多いからである。中小企業でも、明確に意識はしていないものの、「知的財産の権利化」をアウトソーシングする場合がほとんどであり、創造や活用までもアウトソーシングしている例はほとんど無い。

　一方、活用の具体例が裁判（権利行使）を含む場合には、この部分もアウトソーシングされる場合が多い。本格的に始まろうとしている「知的財産信託」は、ライセンス活動や権利行使の部分的アウトソーシングとも言える。

　アウトソーシングするか否かは、特許担当者が判断材料を用意し、経営陣が判断すべき経営判断である。しかし、その経営判断は、定期的に判断され

る事項とはなっていない。それはなぜか。

　第一の理由として考えられるのは、突き詰めた判断をしていない、または判断をするまでもない、という理由である。知的財産が重要だから、という積極的な理由ではない。以前からそうである、見直すまでもない、特に問題ない、内製化できるような人材はいない、といったことから続いてしまっているのであろう。

　第二の理由は、中小企業の場合、コストダウン要請が社内的に必要な時期には、前向きな研究や新規開発が滞るために、新規の出願対象が発生しにくい傾向にある。そのため、判断事項にさえなっていないのであろう。

(2) 中小企業における知的財産関連の組織についての問題点

　組織どころか、知的財産の創造、権利化、活用のサイクルを社長以下社内の誰も知らない、という中小企業は、まだまだ少なくない。2005年の横浜市の統計（横浜市型知的財産戦略研究会　中間報告より）によると、300人以下の中小企業の場合、「経営における知的財産の位置づけと取り組み状況」によれば、「経営上不可欠であると思うが、十分に取り組めていない」が39％、「経営上必要かよく分からないため、取り組んでいない」が18％、「経営上必要でない」が13％にもなっている。

　中小企業の場合、トップの考え方が色濃く反映される。「必要でない」は論外だが、「よく分からない」では、組織として取り組みようがない。「十分に取り組めていない」も、どうしたらいいのか判断していないのであるから、組織に対する影響は同じである。

　では、知的財産活動に取り組んでいる中小企業ではどうか。典型的な組織を挙げてみる。

　たいていの中小企業では、社内には知的財産専門家いない。このため、知的財産の権利化は特許事務所にアウトソーシングしている。

　そのアウトソーシングの窓口は、総務部門か技術部門かに大別される。総

務部門の場合、予算と期限との管理のみ、権利化は外注先任せとなっている。技術部門の場合、予算と期限に加えて、権利化の管理に踏み込んでいる場合が多い。知的財産経営という見地からは、どちらがよいかは述べるまでもなく後者である。

なお、特許事務所との顧問契約をする中小企業も、多くはないが存在しており、増加傾向にもあるようだ。経営者としては、顧問料を払うことで知的財産部のアウトソーシングしている、という感覚のようである。特許事務所側も、「御社の知的財産部」というセールストークにて顧問契約に至っているケースが多い。顧問契約に関しては、後に追記する。

(3) 外注先である特許事務所から見た中小企業

実は、以下のような問題点があるために、中小企業の知的財産創造、権利化、活用のサイクルを支援できる特許事務所は非常に少ない。

第一に、中小企業からの仕事の依頼が、不定期であり、多品種少量だからである。月当たり〇件、あるいは年間だいたい〇〇件、といった定期的な受注が見込め、且つ技術分野にバラツキもない大企業の仕事に比べると、特許事務所の負荷は大きいのである。

第二に、中小企業の先行特許の調査能力が高くない。このため、出願数に対する審査請求率、特許率とも高くない。一出願あたりの売上高から見て、特許事務所としては「割に合わない」仕事が多いのである。

多くの特許事務所にとって、出願受注は収益の源泉である。したがって、積極的な先行特許の調査を行わないことが多い。先行調査の結果、特許化の可能性を否定しては受注を失うからである（そうでなければ、割りの悪い仕事を断りたい場合に、特許調査をして特許性の低さを証拠として提示するのである）。こうして、技術的に価値の低い内容でも出願され、その結果、審査請求や特許に至らないという「負のサイクル」が形成されてしまう。

以上のことから、特許事務所は経営上、中小企業を良いクライアントとは

見ていないことが多く、中小企業側も提案してくれるパートナー企業という信頼関係を構築できずに停滞してしまうのである。

ただし、中小企業が特許事務所と顧問契約をしている場合には、「負のサイクル」にはまらず、特許事務所と良い関係を構築している。出願手数料ではない収益源が確保されているので、先行特許調査に積極的に取り組むことができ、Win-Winの関係が成り立っているからである。その他、中小企業にとって分からないことを気軽に質問できる、といった教育効果は高い。また、経営判断に直結するような情報に結びつくことも少なくない。経営部門と外部にある知的財産部とが密接な連携を構築している、とも言える。

(4) 今後の予想＝アウトソーシング項目の縮小

ここでは、大企業の事象から、中小企業の今後を予想してみる。

製薬会社など、一つ一つの特許の価値が大きい業界では、これまでも当たり前のように行われてきている。しかし、ある程度の出願数を誇る大企業でも、内製化が進みつつある。

もちろん、全てを一気に内製化するわけでない。とすれば、発展しようとしている中小企業が何を内製化して、何をアウトソーシングしているのか。今後していくのか。

第一に、重要な案件を内製化し、重要でない案件をアウトソーシングするというやり方である。これは、製薬会社などで多く採用されてきているが、電機メーカーなどにおいても採用される傾向が増えている。

第二に、面倒で且つ重要でない案件をアウトソーシングする。これは、特許事務所の業界の競争が激化している現状が後押ししている。すなわち、競争激化によって面倒な案件でもアウトソーシングのコストが相対的に低下しているため、重要でない案件であれば、コストが見合うようになってきたからであると考えられる。

第三に、ほとんど全ての案件をアウトソーシングする。これは、知的財産

部において案件が重要か否かの判断をするだけでなく、重要な案件であればどのような書き方をするか、といった指示までをほぼ確定してからアウトソーシングするやり方である。

いずれにしても、重要な判断が様々なタイミングで入る余地のある案件は内製化されるであろう。アウトソーシングでは判断事項に変更が生じた場合に対応が遅れるなどのデメリットがあるからである。

さて、前述のような傾向は、やがて中堅、中小企業にも広がるのではないか。研究テーマである「知的財産部と他部門との関係」が深まるのであれば、アウトソーシング費用が増大するとともに、判断事項に関する内製化の必要性が高くなるからである。

全てを特許事務所に外注していた中小企業が典型的であろうが、この場合、重要でない案件を内製化することから始まるであろう。外注案件で学習し、内製化を図りやすいからである。内製化の業務量に応じて、専門家を雇い入れる必要もあろうが、そうなれば、知的財産部署と他部署との関係構築が新たにスタートまたは加速する。

Ⅶ-2　特許事務所とベンチャー企業との関係

(1) 知的財産の本質を捉えて成長するベンチャー

　ＩＴ系のベンチャー企業は、2000年前後、ビジネスモデル特許ブームに乗って特許出願を経験した。浮ついたビジネスモデル特許を出願した企業は、現在ではほとんど残っていない。しかし、ブームの時期に特許出願のビジネスへの使い方、ビジネスにおける効果を会得したベンチャー企業経営者は、特許の限界、特許の活用法を弁（わきま）えている。すなわち、知的財産を活用して成功するベンチャー経営者は、知的財産制度のツボを理解し、活用を直感的に捉えているのである。

ベンチャー企業は大企業にはない斬新さおよびスピードが売り物、とよく言われるが、まさに「斬新な売り物」を売り物としてどのように販売するか、を熟慮し、試行錯誤したと考えられる。売り物が斬新であればあるほど掴みにくく、見えにくい。売り物の形が見えなければ売りようがない。見えやすくする（可視化する）ためにはどうしたらいいのか。可視化する手段として、特許出願書類の作成という手段を選択するのである。その手順は、概ね以下のようである。

　自分たちの斬新さが本当に斬新であるのか、を先行特許出願の調査によって検証する。検証の結果、新規性が否定されるようであれば、斬新さをブラッシュアップするために、最先端の技術を研究したり、ソフトウェアの仮設計をしたりする。斬新さに見込みがついたらマーケティングを行い、ビジネスとしての確証を得られたら特許出願の準備に入る。

　出願が完了したら、ビジネスパートナー（投資家、大企業など）に対するプレゼンテーションに移る。パートナーの目もビジネスモデル特許ブームによって鍛えられて肥えているから、浮ついた提案（特許出願内容）では見向きもされない。ビジネスとしての提案力として高いレベルが要求されている。プレゼンテーションにおいて高いレベルの提案力（斬新な売り物が可視化されていることと、その売り物による利益確保の確からしさ）があれば、ビジネス上の契約が成立する。もちろん、特許出願が済んでいることがアイデアの流出、盗用を抑制するという効果があることは当然である。結果として、特許出願が（特許成立とは無関係に）ベンチャー企業の成長に結びついている。

　なお、上記の契約成立に至ったことは、「知的財産による資金調達」に成功したとも言える。すなわち、「知的財産の権利化」という工程を飛ばし、「知的財産の創造」から一気に「知的財産の活用」を成し遂げたとも言えよう。

　本題に戻る。上記のベンチャー企業の経営者は、出願書類の作成段階のみ

ならず、先行特許調査の段階、アイデアのブラッシュアップの段階から、アウトソーシングをする（組織規模としてアウトソーシングとせざるを得ない）。そのアウトソーシング先は、信頼関係のある外部弁理士である。「信頼関係のある」という修飾語がキーワードである。信頼関係がなければ、売り上げとして小さい特許調査、知的財産創出作業などは、特許事務所の弁理士としては避けたいという傾向にある。その一方、ベンチャー経営者自身のブラッシュアップに粘り強く付き合えなければ、レベルの高いプレゼンテーションやビジネス契約に至るような創造的知的財産につながらないからである。

　敏感な経営者は、信頼関係が構築できた弁理士に対して自ら顧問契約を申し出ることも少なくない。「信頼関係」を維持するためであろう。

(2) ベンチャー企業における知的財産組織の典型的な現状
　「ベンチャー企業は社長次第」とは、よく耳にする言葉である。実は、知的財産に関する立案、組織運営についても同様である。
　前述したように、成長しているベンチャーは社長が自ら知的財産活動をマネジメントしていることが多く、なかなか部下（総務担当者か技術担当者か）に引き継がない。中小企業的な組織作りの場合もあるようだが、知的財産担当者をスカウトしてくるという事例も耳にする。出願書類の作成などの大部分をアウトソーシングするにしても、内部の窓口をしっかりしておくことの重要性を認識しているからであろう。
　ところでベンチャー企業では、一般に一人で何役もこなさなければならないことが多い。このため、スカウトされた知的財産担当者は、「知的財産だけやっていればいい」というタイプでは勤まらない（そういうタイプは、すぐ再転職する羽目になっている）。ベンチャー企業における知的財産担当者は、結果として総務または技術を担当し、マルチに活躍していることが多いが、知的財産の重要性を認識した上で兼任している。

(3) 組織が拡大するベンチャー企業

　組織拡大には、資本の増大が裏側にある。資本金を単に集めることができた場合にはあまり問題にならないが、資本とともに「ヒト」が送り込まれる場合には、注意が必要である。

　送り込まれる「ヒト」は、組織の中で重要な地位を占める。この人物は、たいていの場合、財務や経営のプロである。この人物が知的財産と経営の関係についての知識や組織理論がないと、知的財産経営は成り立たない。その人物に知的財産への理解が不足していたために、成長が阻まれることがあるのではないか。こうした懸念をするのは、以下のような理由からである。

　経理関係を税理士にアウトソーシングしているというベンチャー企業の経営者からは、以下のような話を聞いた。「特許出願費用は、いつになったら回収できるのか？」と税理士に問われて苦笑いをした、というのである。外部の税理士にこうした疑問が生じるのは、ある意味で当然であるが、経営者の彼としては、特許出願することで安心してプレゼンテーションをすることができ、しかもビジネス上の契約を締結できているので既に「元を取った」という意識があったのだ。

　さて、ベンチャーに送り込まれた財務関係者がこの税理士と同じような考え方であったら、経営者と衝突してしまうであろう。当該ベンチャー企業において財務関係者の力が強ければ、知的財産経営から外れてしまうおそれがあるのだ。ベンチャー企業への投資先から送り込まれた財務担当者が、経営者と知的財産に対する認識レベルを異にするために、知的財産経営の妨げになるという事実は、多くもないが少なくもないように感じられる。

(4) 大企業が見習うべき点

　改めて考えてみる。ベンチャー企業の場合、組織ではなく経営者自らが特許の活用法や費用対効果などを考え、判断しているので、狙いが明確で、ス

ピードも早い。ベンチャー企業は、上場を通じて大企業に成長することを夢見ていることが多いが、もし大企業になることができても、知的財産を活用することによって成長したという歴史や社風を社内に残すであろう。

ベンチャー企業の成長の根源がこうした知的財産活動のスピードにある、ということを大企業は見習ってもよいのではないか。

(5) 特許事務所の現状

ベンチャー企業の組織の一部、あるいはブレーンとしての期待に応えられる特許事務所や弁理士は多くないように思われる。旧来業務（特許明細書の作成）とは仕事の質が大きく異なること、報酬体系が不明確または相場形成がなされておらず、弁理士のモチベーションが上がらないこと、などの理由が考えられる。こうした問題は、日本弁理士会でも繰り返し議論されており、総論的および各論的な解決策が話し合われているようである。

政策として弁理士試験の合格者数を急増させ、特許事務所間の競争を促し、サービスの質と量とが向上する、というサイクルが期待されている。現状では大企業の仕事の奪い合いとコストダウン競争が進行し、中小企業へのサービス向上に効果が現われ始めたかもしれない。この問題に対しては、更に後述する。

Ⅶ-3　中小企業における知的財産活用組織への提言

社長一人で始めたばかり、というベンチャー企業ならともかく、既に事業を行っている組織であれば、「知的財産を最大限に活用できる組織」をゼロから構築できるわけはない。となると、組織構築ではなく、組織改革あるいは組織再構築であろう。では、その肝になるものは何か。

(1) 最初に考えるべきこと

　中小企業が経営を継続できてきた理由を、経営者自らが再認識する必要がある。なぜ大手企業からの受注があるのか、といった根本に戻ってみれば、その企業に知的財産が潜在していることが多い。ところが、経営者自身が自社の価値に気づいていないことが多い。

　その知的財産を出願すべきかノウハウとして管理すべきか、はともかく、まずは表出させなければならない。これは、中小企業における「知的財産の棚卸し」である（大企業における「知的財産の棚卸し」は、取得済みの権利が本当に必要かどうかを確かめる、という意味合いが強い）。この棚卸しには、的確なインタビュー能力が要求される。インタビュー能力とは別に考えなければならないのが、その棚卸しをするサービス業者が誰かという点である。報酬体系を出願数に依存する契約での特許事務所には、多くの特許出願をさせようという意志が介在してしまうので、不向きではなかろうか。

(2) 対外業務と内部業務との区別

　知的財産を扱うに際して、社外の組織との関わりがある業務をするのか、社内における業務なのかを区別する。具体的には、以下のようなことである。

　対外業務とは、一般の商談、契約の交渉および締結、特許権の行使、対外権利からの防衛、などである。

　内部業務とは、様々な業務のドキュメント化、ノウハウの抽出（暗黙知のドキュメント化）、特許ネタの抽出、他社侵害の未然防止などである。

　なぜ上記のような区別が必要なのか。知的財産を経営に取り込みたいがどうしたらよいのか分からない、という悩みを抱える中小企業の経営者は、何が悩みなのか、何をどうしたらいいのか、何から手を着けて良いのか、ということが混沌としている。まずは、前述したように、「対外業務と内部業務

との区別」が必要なのである。

(3) 経営の立て直しと知的財産部門

　知的財産に限らないが、経営を立て直すには、社外と社内のどちらを軸に考えるべきか。もちろん社外である。お金は社外からしか入ってこないからである。知的財産部門およびその関連部署は、社内の合理化によって大きなコスト削減が望める部門でもないからでもある。ただし、発注額の減少などが知的財産流出にある場合には、内部業務の改革を徹底して再発防止を図らなければならないことは述べるまでもない。

(4) 対外的交渉力の増強

　知的財産が経営に活かされるというゴールを「知的財産の活用」に見るならば、取引交渉の成功と深い関係がある（知的財産の活用が取引交渉の成功そのものである場合もあろう）。であれば、ゴールに直結する交渉を成功させるためには、どのような組織であることが望ましいのか、という視点でアプローチしてみる。

　対外的な交渉を社長がやるのであれば、社長自らが知的財産（の活用）に詳しくなる必要があり、そのための側近又はチーム（知的財産ブレーン）が必要であろう。

　対外的な交渉を営業責任者がやるのであれば、営業をサポートするような知的財産活用を、営業企画の段階で立案できる営業責任者でなければならない。その営業責任者をサポートするチームが必要であろう。

　前述の「側近」が社内にいないのであれば、外部ソースに期待がかかる。交渉力と技術や知的財産の理解力の両方が必要であるとすれば、交渉力を重視して弁護士に依頼するのか、技術面を重視して弁理士に依頼するのか、経営者の判断になろうが、当該企業が技術系である場合には、特許事務所との顧問契約が望ましい形態ではなかろうか。

(5) 知的財産の負のサイクル脱出

　前述した中小企業における「知的財産の負のサイクル」を脱するためにはどうしたらいいのか。

　第一に、中小企業自体が、先行特許の調査能力を高める必要がある。開発には連続性が必要であるから、先行特許の調査能力を持つことは当然なのであるが、スタートさえきれない企業は多い。特許庁のホームページ内にある特許情報図書館の活用法を、開発現場で活用する教育が欠かせない。スタートを切るきっかけは公的な知的財産啓発活動やセミナーなどに参加すれば得られるのであるが、社長自らが参加するか、社長命令で参加しない限り、実を結ぶ道のりは遠い。

　第二に、中小企業と付き合いのある金融機関に、技術の目利きを配置し、その目利きが「知的財産に対する認識、評価」を中小企業の経営者に伝えることである。中小企業の経営者にとっての関心事をランキングすると、「カネ（資金繰り）」、「ヒト（人材）」などが上位になり、「知的財産」という項目が社長の関心事10位にランクインすることは稀である、と言われている。しかし、「カネ」についての関係者である金融機関から「知的財産」について刺激されれば、組織論を含めて長期的に考えざるを得なくなるのではないか。

　なお、金融機関に技術の目利きを育てるには、技術デューデリジェンスの普及が鍵であろう。中小企業の技術の価値を客観的に評価する仕組みが一般化すれば、前述の「負のサイクル」を脱するきっかけになると思われる。技術デューデリジェンスをサービスとして既に提供している知的財産コンサルティング会社が、金融機関などから注目されている。

Ⅶ-4　知的財産部と他部門との連携に関する問題提起

（1）問題の所在

　企業の知的財産戦略、知的財産戦術を支える社内外の知的財産人材について、日頃感じる問題点を俎上に上げてみる。知的財産人材は10年で一人前と言われ、専門性が極めて高い。それが故に、人事異動が極端に少ない。知的財産部一筋20年、30年というベテランも多い。知的財産部に配属されたら転勤が無くなると同時に、「入ったら出られないブラックホール」と揶揄される面もある。

　同じ組織、同じ顔ぶれで5年を超えるということは、視野が狭くなるなど弊害も多いはずであろう。しかし、専門性を盾にされては人事部も口を出しにくく、企業経営者からも切り離されがちである。

　外注先である特許事務所についても、同じである。専門性が高いために、担当者を変更しにくいし、企業サイドからも変更が好まれないことが多い。

　一方、キャリアアップを考えながら行動している若い知的財産人材も少なくない。だが、組織内の「出世」に幅がない、専門性が高いことによる安心感などから以下のようなコースアウトにはまってしまう人材も多いと予想される。以下、簡単に分析する。

　なお、この分析は、久野敦司氏のコラム http://www.patentisland.com/memo80.html を参考にしたものである。

（2）コースアウトの分類

　まず、消極派と積極派とに大別することができる。

　(a) 消極派は、職人タイプ、事務屋タイプ、無気力タイプに分けることができる。

　　　職人タイプは、理論を積極的に学ばず、実務のみに徹することとした

タイプである。

　事務屋タイプは、実務に忙殺されることによって眼前の仕事を片付けることのみに徹するタイプである。

　無気力タイプは、職人にも事務屋にも徹しきれず、エネルギーを奪われて呆然としているタイプである。

(b) 積極派は、官僚タイプと学者タイプとに分けることができる。

　官僚タイプとは、資料や統計の作成、部門の予算獲得に燃えるようなタイプである。

　学者タイプとは、知的財産の理論に面白さを見いだして積極性を発揮するタイプである。なお、学者タイプは、明快さを求めるが故に実務の複雑さに嫌気がさしたために学者タイプとなった消極派もいると思われる。

(c) 消極派とも積極派とも言い難いが、問題解決にはほとんど役立たない評論家タイプも多数存在する。知的財産を仕事とする人種には、このタイプは非常に多いと思われる。もともと理論好きだからであろうか。

(3) コースアウトを防ぐには

　現在は、知的財産協会、知的財産研究所、知的財産学会などを舞台として、知的財産人材における一部のトップランナー達が、組織に囚われない情報発信、後進の指導などを行っている。

　しかし、大抵の知的財産人材は、企業という組織または特許事務所という組織の中におり、トップランナーの発する情報に触れることもできずにいる。あるいはそれらの情報に触れてはいるものの、自分の組織内での解決策までは見いだせずに悶々としている。その結果として、人事異動によるチャンスを掴むこともなく、やがてコースアウトしてしまうのではないだろうか。

　今回の研究の大テーマである『知的財産部と他部門との関係』が明らかに

【図Ⅶ-1】
知財専門職のコースアウトの分類

知財人材のコースアウトのタイプを分類したものである。

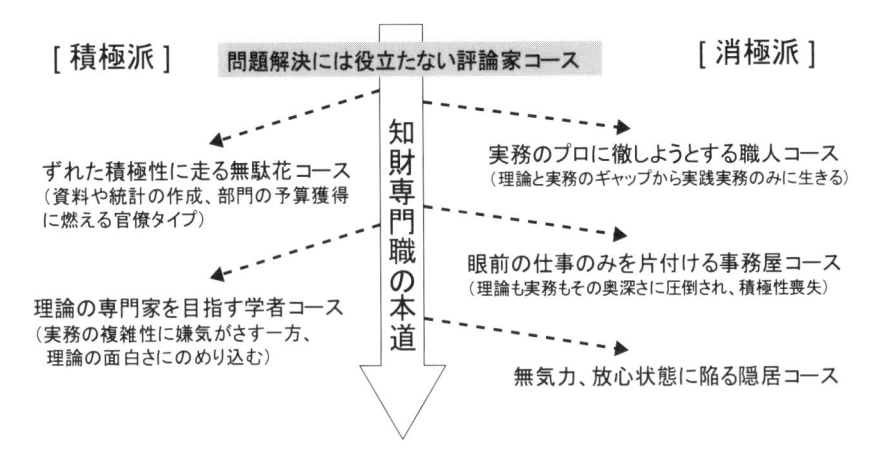

[積極派] 　　　問題解決には役立たない評論家コース　　　[消極派]

知財専門職の本道

ずれた積極性に走る無駄花コース
（資料や統計の作成、部門の予算獲得に燃える官僚タイプ）

実務のプロに徹しようとする職人コース
（理論と実務のギャップから実践実務のみに生きる）

眼前の仕事のみを片付ける事務屋コース
（理論も実務もその奥深さに圧倒され、積極性喪失）

理論の専門家を目指す学者コース
（実務の複雑性に嫌気がさす一方、理論の面白さにのめり込む）

無気力、放心状態に陥る隠居コース

久野敦司氏のコラムhttp://www.patentisland.com/memo80.htmlを参考して作成

なることが、知的財産人材のコースアウトを防ぎ、バランスのとれたスキルアップをする手段としても機能するであろう。すなわち、知的財産部と他部門との人事交流の必要性がこれまでよりも活発に議論されることなり、実際に人事交流が始まれば自ずと解決するとも予想できるからである。

ただし、長年に亘って保守的部門たる知的財産部が積み上げてきた「慣習」という大きな壁が現段階では存在する。こうした現実を踏まえると、組織内において新たなあるいは見本となるキャリアデザインを提示する、自己啓発の機会を提供する、などの措置が今以上に必要である、といった提言にとどまらざるを得ないかもしれない。

本当に必要とされているのは、企業内起業家（アントレプレナー）と呼ばれる人種が知的財産部にて活躍することかもしれない。

(4) 特許事務所との人事交流の事例
 (a) 成長中のベンチャーに特許事務所から出向
　次々と開発を続けるベンチャー企業は、その資金調達のためにも投資家へ開発の進捗をアピールせざるを得ない。開発のスピードに特許出願が間に合わなくなることを防ぐため、社内で特許出願の取捨選択や書類の内容を固める必要がある。そこで、懇意にしている特許事務所から当該ベンチャーに出向してもらい、社内での特許体制を一時的に充実させている例がある。
　こうした事例は、特許事務所にとって非常に刺激のある人事交流となると予想される。単に特許事務をこなしていた所員が、ベンチャー経営の現場で開発、資金調達といった会社の運営をかいま見る機会となるからである。
 (b) ベンチャー企業の解体と特許事務所への受け入れ
　残念ながら、ベンチャー企業が成長できずに解体（解散）に追い込まれる例は少なくない。そのベンチャー企業に勤務していた者は次の就職先を探す訳だが、その就職先として、つき合いのあった特許事務所が受け皿になる例がある。
　ベンチャー企業は一人で何役もこなしていることが多く、そうした人材は変化の少ない特許事務所を活性化させることになろう。ただし、その特許事務所が開かれた体質であり、且つその人材が積極派であるという二つの条件が揃わないと、活性化は一時的なものにとどまる。前者の条件が欠けている場合には、その人材が流出（転職）し、活性化は終わってしまうからである。
 (c) 特許事務所による企業内研修の受講
　上記の (a) に近いが、中堅クラスの企業がつき合いのある特許事務所に自社の研修を受けさせる、と言う事例を筆者は体験したことがある。自

社の風土体質をより深く理解し、特許業務に活かしてもらおうという趣旨であったろう。(ただし、その企業は、下請け企業としての特許事務所を上手に使う手段として「研修」を活用していたのだ、との見方もできる。)

　複数の特許事務所を使うくらいの規模の企業になると、当該特許事務所を競わせる、ランク分けをする、などの方法が昔から使われている。しかし、「競わせる」という前段階で「自社の研修の受講」を推奨または義務化する、という手法は、マイナス面よりもプラス面の方が多いように思われる。実際に体験した筆者としては、その研修を通じて「企業」、「組織」をかいま見、その企業における知的財産部門の位置づけを相対的に捉える貴重な機会であったと断言できるからである。

参考文献一覧

[1] ジュリー・L・デービス、スーザン・S・ハリソン『役員室にエジソンがいたら』(かんき出版)

[2] 隅正雄『なぜ、SEはコンサルティングができないか』(マイガイア)

[3] 渡部俊也、隅蔵康一『TLOとライセンス・アソシエイト』(ビーケーシー)

[4] フィリップ・コトラー著『コトラーのプロフェッショナル・サービス・マーケティング』(ピアソン・エデュケーション)

[5] 野口吉昭『コンサルティング・マインド』(PHP研究所)

第Ⅷ章　企業の知的財産部と弁理士との連携

葛和国際特許事務所

所長弁理士　葛和清司

要約

　弁理士または特許事務所は、企業の知的財産部の足りない点を補完するための、知的財産部にとって最も頼れる外部機関として機能することができる。本来、知的財産部が行う業務のほぼ全ては、弁理士の守備範囲によってカバーされているといえるから、従来から、潜在的にはあるいは部分的にはすでに、様々な業務分野でその連携は行われてきている。しかしながら企業の知的財産部への弁理士への仕事の発注の大半は出願依頼業務、すなわち、権利化のための業務が中心となってきた。

　一方、企業の知的財産部はより戦略的な部門に変貌しつつある。また変貌していかなければならない。そして弁理士との連携のあり方もそれに伴って変化して然るべきであろう。

　本章では、これからの戦略的な知的財産部にとって上記のような従来型の連携が適切なのか否か、またこれからの連携はどうあるべきなのか、などについて考察する。

第Ⅷ章　企業の知的財産部と弁理士との連携

Ⅷ-1　はじめに

　知的財産部が企業戦略にとってより中心的な部門となり、かつ他部門からの信頼を得て企業内でのより高いポテンシャルを確保するには、部自体として知的財産そのものに対するより高度な知識と応用力を具備すべきであり、またそのための人材を要することは言うまでもない。しかしそのような高度な知識と応用力を有する人材を企業自体が自前で育成したり、あるいは外部から調達するには多大な時間や経費を要するし、またそのような人材が必ずしも企業の知的財産部が求める社員像に一致しているとも限らない。

　弁理士または特許事務所はまさに、そういった企業の知的財産部の足りない点を補完するための、知的財産部にとって最も頼れる外部機関として機能することができる。本来、知的財産部が行う業務のほぼ全ては、弁理士の守備範囲によってカバーされているといえるから、従来から、潜在的にはあるいは部分的にはすでに、様々な業務分野でその連携は行われてきている。しかしながら企業の知的財産部への弁理士への仕事の発注の大半は出願依頼業務、すなわち、権利化のための業務が中心となっているのが現状である。

　企業の知的財産部はより戦略的な部門に変貌しつつある。また変貌していかなければならない。そして弁理士との連携のあり方もそれに伴って変化して然るべきであろう。ここでは、これからの戦略的な知的財産部にとって上記のような従来型の連携が適切なのか否か、またこれからの連携はどうあるべきなのか、などについて考えてみたい。

　なお、今日弁理士以外にも知的財産業務を支える外部機関は種々存在するが、ここでは知的財産部と弁理士との連携に的を絞って論ずる。またとくに断

りのない限りここでの知的財産は主として特許を意味する。

Ⅷ-2　知的財産部の変貌と弁理士との連携

　従来の多くの特許部または知的財産部は、研究部門から研究開発の成果物である発明についての出願手続を受注したり、法務部からの依頼で契約書の素案を作ったり、マーケティング部門で策定したブランディングポリシーに基づき、商標登録出願をしたりと、専ら他部門からの受注、下請に徹した典型的な指示待ち部門であった。

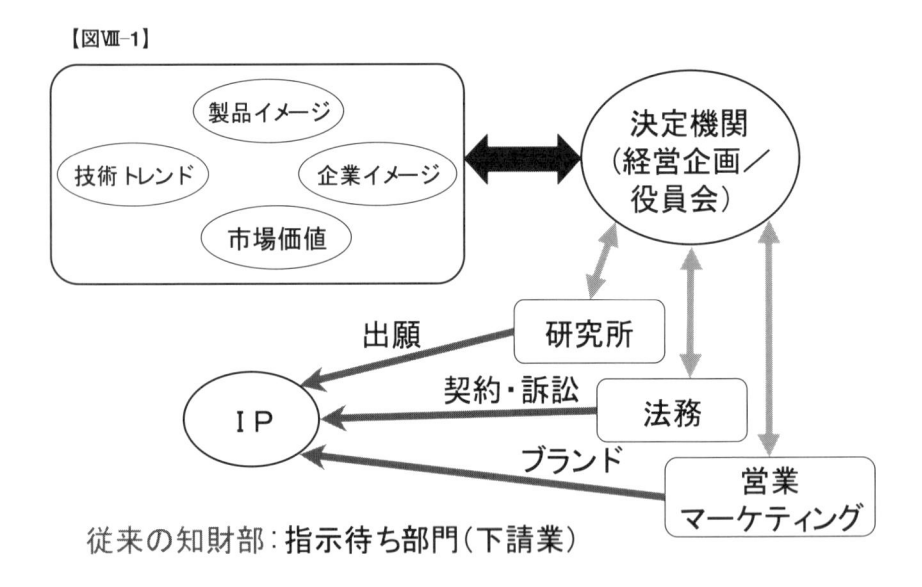

【図Ⅷ-1】

従来の知財部：指示待ち部門（下請業）

　このような従来の知的財産部ではこれからの企業の知的財産戦略は到底覚束ない。知的財産を企業経営に取り込もうとするなら、知的財産部を企業経営に積極的に参画できる部門にドラスチックに変えていかなければならない。

　知的財産は、今日誰もが認める企業にとっての強力な武器となっているが、

知的財産部は、この強力な武器を確実な情報として自由に駆使し得る立場にある、企業内での唯一の存在である。したがってこの立場を利用すれば企業の方向性を決定する多くの場面で、強大な影響力を行使できるはずである。すなわち、知的財産部はこの強力な武器を正しく理解し、正しく利用する能力を持ったとき、どの部門をも圧倒するパワーで情報発信が可能となるのである。

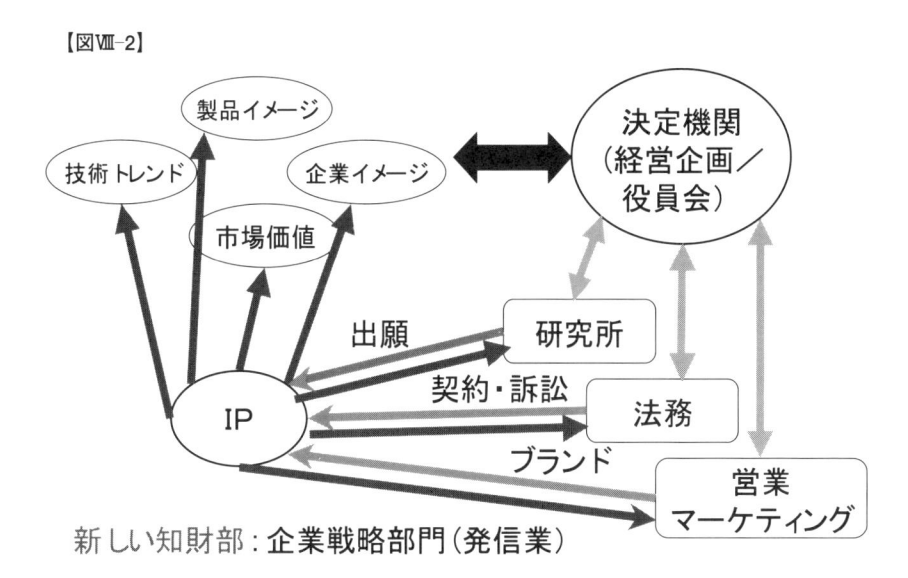

【図Ⅷ-2】

新しい知財部：企業戦略部門（発信業）

これを強力に推し進めようとする知的財産部（本章ではこれを「戦略的知的財産部」と呼ぶことがある）にとって、知的財産に関する高度な専門的能力を有する弁理士との連携が不可欠となる。これからの知的財産部は、このような積極的な知的財産戦略に資するために弁理士との連携を図るべきであって、弁理士の能力を最大限に引き出せるよう、知的財産部自らがイニシアチブをとり戦略的な連携を目指すべきである。

Ⅷ-3　知的財産部の業務と弁理士との連携

　上記の通り、知的財産部の業務のほとんど全ては、弁理士の守備範囲に属している。無論それぞれの立場の違いにより力点の置き方が違っていたり、あるいは各企業の事情により各業務における連携の度合いに強弱はあるにしても、潜在的には次のような分野で連携が行われてきている。

　(a) 知的財産（発明）の発掘、(b) 先行技術調査、(c) 特許性の判断、(d) 明細書、意見書、補正書の作成、(e) 外国出願リエゾン、(f) 期限管理、(g) 他社特許（技術）のウォッチングとその評価、(h) 侵害性の判断、警告状、回答書の作成、(i) 契約書の作成、契約交渉の代理、(j) 外資系企業の知的財産部門の業務、(k) ポートフォリオの作成、(l) ライセンサー、ライセンシーの発掘、マッチング業務、(m) 知的財産ポリシー（特許、ブランディング、職務発明、報償制度）の策定、(n) 社内の知的財産普及啓蒙活動（社内レクチャー）

　これらの業務についてこれからの戦略的知的財産部と弁理士（特許事務所）との連携はどうあるべきかにつき、以下に検討する。

(a) 知的財産（発明）の発掘

　知的財産創造のために企業が投資した経費を回収し新たな価値ある資産を生み出すにはまず成果物である知的財産（発明）を発掘しなければならない。仮に知的財産センスのない研究員の自主性に任せて折角の成果物が埋もれたままになっているとすれば、それは企業にとって大きなマイナスになることはいうまでもない。知的財産部はこの点での役割を担っているが、日々の処理業務に追われてなかなか積極的に発掘業務まで手がまわらず、むしろ余計な経費や余計な仕事を生み出さないためにも、結局、研究部門からの申告を待つという待ちの態勢を採るところが少なくない。しかも大半の企業に

おいて、研究成果が出ないのは知的財産部の責任ではなく、研究部門の責任であるとの認識が常識になっている。しかしこれは根本的に間違っている。知的財産を生み、育てるのは知的財産部の仕事そのものであり、発掘すべき発明を発掘できなければ、それこそ外でもない知的財産部の責任となるのである。

　この発掘業務を敬遠するもう一つの要因として知的財産部の自信のなさが挙げられる。知的財産部自体に確固たる企業の方向性が見えていないことと、知的財産部員の発明に対する評価の目が肥えていないことがその理由である。そのため研究部門を回っても、どの発明が特許性を有し、どの発明をどのように育てていけば会社にとっての価値を生み出していくかなどについての判断が全くできない。このような知的財産部はまず発明発掘という入り口の段階で躓き、その先の知的財産活動は真っ暗闇といっても言い過ぎではない。

　弁理士は大抵の場合、ほとんどの知的財産部員よりも特許性の判断についての目は肥えている。そして知的財産部員の忙しさによる弁解を封じ込めるためにも弁理士が企業に乗り込んで発明の発掘に一肌脱いでもらうことは大いに意味がある。研究部門の研究員も普段から知的財産には疎く、しかも知的財産部に対しては日頃から明細書や実験レポートの期限を迫られたりと、何かと被害者意識を持っているため、ある種の緩衝材の役割も果たしてくれる。

　ただし、上記の発掘業務を遂行するには知的財産部が企業の方向性や社内の必要な事情を当該弁理士に伝え、十分に協議しておくことが前提となるが、弁理士といえども外部の人間であることに変わりはないから当然のことながら信頼に足る弁理士でなければならない。また弁理士の意見を聞くとしても、最終的には会社の利害得失を把握していなければならない知的財産部の責任で決定すべきことも忘れてはならない。

(b) 先行技術調査

　特許出願や技術開発を行うに際して、先行技術を把握しておくことは不可欠であり、これも知的財産部の重要な任務である。また先行技術調査自体を知的財産部が行うこともまれではない。一方、弁理士にとってもこれは出願代理業務の一部としてその守備範囲に属するということができる。したがって当然のことながら弁理士は必要に応じて知的財産部の依頼を受けて先行技術調査を行うことがある。しかしながら一部の中小企業または個人発明家の場合を除き、先行技術調査自体は、（技術的な専門性という意味ではなく）知的財産の専門性という意味では、それほど高度のものが要求される業務とはいえないから、この分野で（時間単価の高い）弁理士を定常的に利用するというのは必ずしも得策とはいえない。

　一方、企業では技術の最前線にいる専門家は研究部門の部員であるから、先行技術調査を行う必要性は知的財産部以上に研究部門にある。しかも先行技術調査はその業務を通して研究者自身に技術の蓄積が図られ、その蓄積が新しい技術開発に活かされていくという最も基本的な研究活動に役立つのである。

　したがって、先行技術調査は研究活動の中枢である研究部門が中心となり、必要に応じ知的財産部および弁理士が補足的に行うというのが適切であり、今後の戦略的知的財産部においてもこの点を変更する理由は特段ないであろう。

(c) 特許性の判断

　特許出願をするか否かを判断するに当たって最も重要な基準は、ほとんどの場合特許性である。そして企業においてこの判断を行うのは専ら知的財産部である。特許性の判断とは端的には先行技術と成果物である発明とを対比しその差異に格別の意味があるか否かをみるというものである。特許実務に

おける基本中の基本であり、一見単純な作業に見えるが、権利化または権利の無効化に際しては特許庁においても裁判所においても大半の事件がこの点について争われており、その判断には本来高度の知識と経験とセンスを要する。

単に権利さえ取得できればよしとする従来型の知的財産部であれば、事前に何らの判断もすることなくとりあえず特許庁に特許出願して、後は審査の結果を待てばよいとすることもできたが、これでは決して戦略的な知的財産部とはいえない。企業経営、技術戦略を少しでも考えればこのような杜撰なやり方が許されるはずはない。どのような権利を取得できるかの見通しを立てることなく知的財産戦略は成り立たないからである。

知的財産部員がこの判断能力を身に着けるのはもちろん不可能ではないし、そのこと自体企業にとって望ましいことでもある。しかしこの判断が極めて複雑で、そのために白黒が微妙に動いてしまうことがあるため、中途半端な能力ではかえって不利益を生じかねないことを肝に銘じるべきである。弁理士はこの判断については最も適任である。ほとんどの弁理士は実務を通してこの判断には長けている。従来から知的財産部はこういうところに弁理士を活用してきたと思われがちだが、必ずしもそうとはいえない。実は出願を決定してから明細書の作成だけを弁理士に依頼するといった、自身の能力を過信した知的財産部が意外に多く存在する。

企業の研究者が陥りやすい誤りは、自分自身があまりにも当該技術に精通しすぎているため、世の中でまだ知られていないことを公知技術と予断したり、慣用技術を不必要に狭い範囲で捉えたりして、結果として自身の発明を過小評価し、また自身の権利を矮小化してしまうことである。知的財産部員は研究員に比べて技術的な専門性は薄いが、同じ企業の中で同じ技術を扱ってきている人間だからこのような問題を見抜けないことが多く、同じ誤りを犯しやすい。無論弁理士もこの点で万能ではないが、少なくともいろいろな企業のいろいろな技術を扱ってきた知識と経験によって、知的財産部員より

は客観的に判断ができるといえる。したがって、遅くとも出願の検討段階で弁理士の意見を聞くことは大いに意義のあることである。

(d) 明細書、意見書、補正書の作成

　知的財産部の組織が充実（肥大化）してくると、まず取り掛かるのが特許の出願明細書作成の内製化である。明細書は権利書に当たるものであるから、明細書の作成は知的財産部の要の業務であることは間違いない。だからこそ多くの企業ではこれに精通しようとするのである。しかしこれを一旦始めると多くの場合、特許庁からのオフィスアクションに対する意見書、補正書の作成の仕事も内製でという流れになり、知的財産部の業務量は飛躍的に増大して知的財産部員は忽ち日々の仕事に追いまくられることになる。

　内製化によって知的財産部員の特許職人としてのスキルは向上し、特許マインドが醸成されるというメリットは大きいが、企業戦略、知的財産戦略といった戦略的知的財産部が本来目指すものがややもすると見失われがちになり、戦略的知的財産部への貢献は逆に低下してくることがある。知的財産部員の特許職人としてのある程度のスキルは戦略的知的財産部においても当然に求められる資質であるが、だからといってこればかりやらせて特許職人を育てても会社にとってあまりメリットはない。知的財産部員は、木を見て森を見ずの状態に陥り、士気が上がらず、会社にいる意義さえ失われ、挙句の果ては特許事務所へ転出してしまうのが関の山である。戦略的知的財産部にはもっと外にやらなければならないことがある。

　一方、弁理士は明細書作成、意見書・補正書作成を生業としている場合が比較的多く、この面でのスキルはほとんど誰よりも勝っており、しかも得意としている業務だけに比較的安価にスピーディに仕事ができる。したがって、この仕事については基本的に弁理士を利用した方が優れた質を確保できるばかりでなく経済的であり、また知的財産部のスリム化にも寄与できるというものである。この意味で内製は程々にしておくというのもこれから知的

財産部の一つのあり方といえよう。まして知的財産部員数名程度の中小企業においては間違っても内製を目指そうなどといった考えは持たないほうがよいだろう。

(e) 外国出願リエゾン

　国内出願業務を内製している企業は、外国出願についても知的財産部が直接外国特許事務所に依頼して業務遂行している場合が少なくない。国内出願業務の内製については上記(d)で述べたとおりであるが、内製を既にやっている企業であれば、外国業務をも内製することはその知的財産部自体に体力がある限り評価できることである。外国業務には国内業務とは違ったドラマが必ずあり、知的財産の戦略を考える上で得るところが大きく、また知的財産部員の士気の高揚にも少なからず貢献できると思われるからである。

　反面、この業務には英語の得意な知的財産のプロフェッショナルは勿論のこと、一般的な外国業務に精通したスタッフなど相当程度の人材の投入が必要となるため、それなりの経費を覚悟しておかなければならない。この点、特許事務所に外国業務を丸投げ依頼する方が経費は削減できる場合もあり得るし、外国業務の得意な特許事務所を選択すれば煩雑な事務処理から解放される点で、特許事務所に外国業務を依頼するメリットは大きい。

　したがってこれから外国業務を内製化しようとする企業があるとすればその辺を比較考量して決定すべきである。ただし、国内業務の内製化も果たせていない知的財産部や知的財産部員数名程度の企業において外国業務を内製化しようとするのは無謀といえよう。

(f) 期限管理

　年金管理等を含めた期限管理は、企業の知的財産関係者がいの一番にしなければならないことの一つで、これすらできないのはもはや知的財産部門の全く存在しない中小企業か個人発明家でしかないであろう。無論期限管理も

特許事務所の守備範囲に属する業務であるから依頼があれば代行可能であるが、特許出願や商標出願をしたことのある企業であれば最低限これくらいのことは自前でしないと知的財産管理を行っているとは言い難いことになる。したがって、年金管理会社や特許事務所にその業務を委託するとしても補助的にその管理を依頼するに止めるべきであろう。このことは当然戦略的知的財産部も同じである。

(g) 他社特許（技術）のウォッチングとその評価

　技術開発、商品開発、製品の上市に際して他社の知的財産をチェックすることは、他社との無用の紛争を避け、自社製品の健全な開発を促進するために多くの企業の知的財産部が行う重要な業務である。これはいわば侵害性のチェックであるが、実際に紛争が起こる前の予備的な業務であるがために、知的財産部としては比較的これを軽く考えがちで、定常的にはこれを全く行っていないか、または行っていたとしても外部の弁理士を利用することなく知的財産部内で簡単に処理していることが比較的多い。

　しかし戦略的知的財産部としては、まさにこれこそ技術開発の方向性、ひいては企業経営の方向性を決定するに上で、企業の要となれる絶好のチャンスということができる。戦略的知的財産部はまさにここに力点を置き、迅速的確にどの部門よりも先行してこの業務を遂行し、いち早く技術開発の方向性を社内で提案するべきである。そしてこのときの他社特許（技術）の評価こそが弁理士の知見を利用すべき業務である。とくに他社の技術が出願中のものに係る場合は、特許化の可能性や審査段階で補正される可能性などを見極めた上での侵害性の評価が必要となるなど、その評価は複雑で相当程度の専門性と作業量を要する。このため、迅速で的確なアドバイスが得られる弁理士への依頼がこの業務においてとくに求められる。

(h) 侵害性の判断、警告状、回答書の作成

　知的財産部が弁理士に侵害の鑑定を依頼するのは、一般にすでに実施中の自社製品が他社の知的財産権を侵害しているか否か、または逆に他社製品が自社の知的財産権を侵害しているか否かを問う場合である。警告状をすでに受けている場合など待ったなしの状態にあるため従来からこの業務については特許事務所に駆け込むことが多い。戦略的知的財産部においても不可避的に起こり得ることであるから、今後もこのような場合、警告状や回答書の作成を含め弁理士を利用すればよいであろう。

(i) 契約書の作成、契約交渉の代理（外国企業とのリエゾン）

　契約書の作成も弁理士業務の範囲内であるが、通常の知的財産部ならこれは自前で処理している。企業の法務部などには弁理士以上に企業法務の実務に長けた人材が必ずいるからそのような部門と連携するなどして対処している場合が多い。いずれにしても知的財産部は弁理士以上に社内の事情に精通しているのであるから、この業務は知的財産部がイニシアチブをとって活躍する分野である。外国関連の契約書だけその分野を得意とする弁理士に依頼するなど、必要に応じて弁理士をうまく利用すればよいであろう。

(j) 外資系企業の知的財産部門の業務

　外国企業の代理を勤める弁理士は、当該企業の日本法人における知的財産部門の面倒を見ることが多い。一般に日本法人の知的財産部門は外国本社に依存し、独自の権限を持たないのが普通で、専門スタッフを配備していないか、僅かな人数で業務を遂行していることが多い。その場合、日本法人の知的財産担当者は全ての知的財産業務をほぼ丸投げ状態で弁理士に依頼し、外国本社と日本法人との知的財産に関する橋渡し役を含め都合よく利用することも一案である。

例えば、親会社の合併や買収が行われた場合の知的財産権の移転、譲渡など、煩雑で難解な手続を首尾よく代行してくれるのも弁理士である。このように知的財産業務は手続的にも極めて専門性の高い業務だけにそのような業務をこなせる弁理士は重宝するものである。勿論当該弁理士は、その業務に明るいことが必須要件となる。

(k) ポートフォリオの作成

パテントポートフォリオやパテントマップを作成し、これを実際に企業戦略に用いて技術開発の方向性を策定するなどにより知的財産部の存在を社内でアピールすることはこれからの戦略的知的財産部のポテンシャルを上げる上で極めて重要であり、知的財産部がこの種の業務を積極的に行うことの意義は大きい。まさに企業という組織の業務の一環として行う色彩の強い業務であるが故にできるだけ自前で行いたいものである。

一方、特許事務所もまた企業からの依頼を受ければこれを作成することは不可能ではない。のみならず、一つの企業から多くの依頼を受ける特許事務所であれば、実際、当該企業のパテントポートフォリオが、代理人としての業務にも大いに資するはずであり、むしろ業務上必要なものと言うこともできるのである。したがって、利害が一致すれば両者共同で比較的安価に作成することも可能であろう。

弁理士の力を借りるか否かは別にして、いずれにしても戦略的知的財産部を目指す以上、基本的には社内の事情を知る知的財産部員が積極的にその作成に取り組み、ここでもそのポテンシャルの高さを示すべきであろう。

(l) ライセンサー、ライセンシーの発掘、マッチング業務

マッチング業務は必ずしも弁理士の業務範囲とはいえないし、一部の弁理士を除いて潜在的にもそのような情報や能力を持ち合わせていないのが普通である。基本的には外部のマッチング機関などを適宜利用しつつ、知的財産

部がライセンシング部門と共同してこの業務を遂行していくべきであろう。

(m) 知的財産ポリシー（特許、ブランディング、職務発明、報償制度）の策定

　企業の知的財産ポリシーは知的財産業務のバイブルとなるべきものであるから、これからの戦略的知的財産部にとっては益々重要な役割を持つことになる。この重要な役割を演ずるものであるがゆえに、その策定は当然のことながら基本的に知的財産部が叡智を結集し、かつ社内を調整しつつこれを策定すべきである。社内事情に詳しくない弁理士にこれを丸投げ依頼することは余りにも無策であるという外ない。無論弁理士には知的財産のプロとして適宜アドバイスを求めるべきである。しかし、あくまでも知的財産部がイニシアチブをとって自らがデザインしたい事項である。

(n) 社内の知的財産普及啓蒙活動（社内レクチャー）

　外部弁理士のレクチャーなどは他部門の社員にとって新鮮であり、社内教育として効果的である。このような依頼には時間の許す限り弁理士も喜んで引き受けてくれるはずである。したがって、この方面で弁理士を利用することはこれからの戦略的知的財産部にとっても有効である。

Ⅷ-4　これからの企業は弁理士に何を期待すべきか、何を期待すべきではないか

　弁理士は一つの国家資格ではあるが、その資質は弁理士（または弁理士が所属する特許事務所）により様々であり、外国に強い弁理士、訴訟に強い弁理士、事務処理能力に長けた弁理士等々色々ある。しかしながら、その共通する専門性（expertise）は、何といっても特許性の判断、明細書の作成能力、侵害

性の判断、知的財産法を駆使して相手を打ち負かす能力などにある。

　この専門的な能力を最大限に引き出せるような利用の仕方が最も適切なやり方である。そのような能力を利用する限り基本的に費用対効果の面で損になることは考えられない。したがって、戦略的知的財産部としてはこの方面での弁理士の利用はより拡大し、余ったマンパワーを極力戦略的な業務に振り分けるべきである。逆に上記以外の能力を特許事務所に求めようとする場合は、当該弁理士の資質に加え、特許事務所の形態、規模などを勘案した上で依頼すべきである。例えば事務処理能力に欠ける特許事務所に手続き的なことばかりを依頼しても費用対効果の面で決して得にはならないであろう。また戦略的な業務は、それこそ知的財産部の本領発揮の領域であるから極力知的財産部内で処理するように努力すべきである。

VIII-5　弁理士は企業に何をしてあげられるか

　弁理士は知的財産戦略を強化しようとする企業およびその戦略的知的財産部からの期待に応えていかなければならない。そのためにはこれまでの特許庁に対する出願代理業務における見識をさらに深めていくことは勿論であるが、これだけでこと足るものではない。すなわち、弁理士は企業の知的財産戦略遂行のために企業をアシストする責務を負っているということを十分に認識すべきである。そのためには、自身の顧客企業の経営方針、製品開発の状況等について最低限把握しておくべきであり、またその業界全体の状態も理解しておくべきである。当該企業の内部事情についてどこまで深く関与できるかについては自ずと限界もあろうが、少なくともこれからの弁理士は、知的財産部の担当者レベルに止まらず、知的財産部の責任者あるいは企業の役員クラスとの接触を通して十分な理解を得る努力が必要になるであろう。

　一方、1つでも多く出願受注を取ろうなどとケチな考えを持った弁理士は、

これからの戦略的知的財産部とお付き合いするのはやめたほうがよい。弁理士は、知的財産戦略に資するようより経済的でより効率的な戦略のアドバイスをするべきであって、駄目なものは駄目とはっきりものが言えなくては、真の連携は成り立たない。

Ⅷ-6　これからの連携の一つの姿

　これからの戦略的知的財産部が真に戦略的な役割を担えるか否かは知的財産戦略そのものに弁理士の専門的能力をいかに活用できるかに懸かっている。すなわち弁理士との連携はこれまでの出願の代理業務のみならず、むしろ出願前または出願後における連携、更には出願とは直接的にリンクしない業務での連携こそがこれからの戦略的知的財産部にとって一層重要になる。また戦略的知的財産部は費用対効果を考慮して弁理士の専門性を引き出せる業務に重点的に弁理士を利用すべきである。あれもこれもと全部一括して弁理士に丸投げ委任することだけは避けたい。弁理士と連携する以上は知的財産部としての戦略がなければならない。そのようなある特定の目的を持った流れの中での連携こそが知的財産部としての存在意義を高めることになる。

　上記の通り、弁理士とのこれからの連携業務も、基本的には従来と同様どれをとってもそれ程ものめずらしいものはないが、知的財産部にとって今後重要なことは、その中でどのような目的意識を持って連携するのか、またどのような業務において連携するのが戦略的に最も賢いのかを知的財産部自身が考えることである。

　最後に、特許庁に対する出願手続代理業務および鑑定業務等におけるこれまでの典型的な連携に加えて、これからの知的財産部にとって、弁理士との連携でとくに強調すべき業務を敢えて二つだけ挙げておく。それは、発明発掘時および製品開発・製品上市時での連携である。

(a) 発明発掘時の弁理士との連携

　戦略的知的財産部は社内でイニシアチブを取ってこれからの製品開発の方向性などを示していくのであるから、製品開発に直接関係する出願の取捨選択についても弁理士の専門性を利用して積極的にこれを行うべきである。そのためには社内での発明の掘り起こしを弁理士とともに行い、またその際に出願すべき技術の方向性を明確にしておくべきである。例えば出願するよりもノウハウとしておくべきか、自社では実施しないが他社牽制のために出願すべきかなどの取捨選択、さらに自社の業態に相応しい発明の発掘などについて弁理士と連携して戦略的に判断すべきである。

(b) 製品開発・製品上市時の他社出願・特許との抵触性のチェック

　製品開発や製品を上市するに際して他社の出願や特許との抵触性、あるいはそれらの特許の消長を予測するのに欠かせないのが弁理士の専門的な見識である。この場面での弁理士の活躍は、場合によっては出願代理業務以上に重要であり、知的財産部にとってこの点での弁理士との連携は、知的財産部を戦略的ならしめる最も重要な局面でもある。これを徹底することにより知的財産部は完全に攻めの部門に変貌することができる。それ故にここは知的財産部としてより慎重に、しかしよりスピーディにことを進めるべきであり、またより客観的な判断を取り入れて社内でより説得力のある主張をしていくべきである。この意味でこの業務での弁理士との連携は欠かせない。

著者略歴（掲載順）

田中　義敏（たなか　よしとし）
　1980 年　東京工業大学大学院原子核工学専攻修了
　特許庁、科学技術庁、日本テトラパック㈱知的財産権部長等を経て、
　現在　東京工業大学大学院イノベーションマネジメント研究科技術経営専攻
　准教授　弁理士（特定侵害訴訟代理業務付記登録）
　著書　「知的財産　基礎と活用」朝倉書店、「特許の真髄」発明協会

米川　聡（よねかわ　さとる）
　2000 年　東京工業大学大学院経営工学専攻修了
　三好内外国特許事務所等を経て、
　現在　東京工業大学大学院社会理工学研究科経営工学専攻助手

小林　隆（こばやし　たかし）
　1985 年　北海道大学理学部数学科卒業
　大和証券債券部、大和証券グループ本社経営企画部等を経て、
　現在　株式会社大和証券グループ本社法務部知的財産課長

植草　健一（うえくさ　けんいち）
　1995 年　常磐大学人間科学部卒業
　現在　株式会社拓人取締役管理本部長

大谷木　國興（おおやぎ　くにおき）
　1970 年　早稲田大学理工学部電子通信学科卒業
　岩崎通信機株式会社開発推進部副参事、シャープ株式会社通信システム事業

本部商品開発推進センター副参事を経て、
現在　東京工業大学大学院イノベーションマネジメント研究科技術経営専攻修士課程在学中
著書　「ホームバスシステム」規格標準関連著書数件

的場　成夫 (まとば　しげお)

1987 年　青山学院大学理工学部機械工学科卒業
弁理士登録（1991 年）、特許事務所勤務を経て、
現在　的場特許事務所所長弁理士　東京工科大学大学院兼任講師

葛和　清司 (くずわ　きよし)

1973 年　東京農工大学工学部卒業
特許庁審査官、ミュンヘン大学法学部等留学、審査基準室長補佐、審判官等を経て、1992〜1995 年　SANDOZ 社（現 NOVARTIS 社）特許商標本部勤務（サンド薬品㈱社長付部長（特許室長）兼務）、2004〜2005 年　千葉大学特任教授を経て
現在　葛和国際特許事務所所長弁理士（1995 年〜）
著書　「特許の真髄」（発明協会）

カバーデザイン
㈱アイテム

企業経営に連携する知的財産部門の構築
「企業内機能部門との連携に向けて」

2007年(平成19年) 4月3日　初版発行

監　修　　田中　義敏
©2007　　Yoshitoshi Tanaka

発　行　　社団法人発明協会

発行所　　社団法人　発明協会
　　　　　所在地　〒105-0001
　　　　　　　　　東京都港区虎ノ門2-9-14
　　　　　電　話　東京　03(3502)5433（編集）
　　　　　　　　　東京　03(3502)5491（販売）
　　　　　FAX.　東京　03(5512)7567（販売）

乱丁・落丁本はお取替えいたします。
ISBN978-4-8271-0868-2 C3032

印刷：藤原印刷㈱
Printed in Japan

本書の全部または一部の無断複写複製を禁じます
（著作権法上の例外を除く）。

発明協会ホームページ：http://www.jiii.or.jp/